安納托利亞的刺客

◆◆◆◆◆

Zabójca z miasta moreli.
Reportaże z Turcji

Witold Szabłowski
維特多·沙博爾夫斯基

胡宗香——譯

致謝

給艾琳．阿拉斯（Aylin Aras）、雅德維加．東布羅夫斯卡（Jadwiga Dąbrowska）、《大格式》（*Duży Format*）雜誌編輯群、塞爾哈特．居內什（Serhat Guneş）、阿格涅什卡．克歐赫—亨澤爾（Agnieszka Koecher-Hensel）、伊莎貝拉．梅伊扎（Izabela Meyza）、祖貝伊德．厄茲圖爾克（Zubeyde Öztürk）、貝亞塔．烏尊卡雅（Beata Uzunkaya）、和瑪格達萊娜．沃伊切沙克—喬普羅奧盧（Magdalena Wojcieszak-Çopuroğlu）。

親愛的朋友，沒有你們，這本書不可能完成。衷心感謝。

各界好評推薦

在沙博爾夫斯基最早期的這部作品裡，我們看見的，是採訪者與受訪者建立的連結。這些連結歷經了時間與空間，抵達了我們手上，讓我們得以有攀上這條大橋眺望風景的機會。讓我們去看看這個歷史悠久的國家怎麼面對挑戰，並在歷史與文學的倒影裡，回到自身所在的土地。在面臨未知的恐懼時，我們心裡都藏著一頭隨時起舞的被馴化的熊，一些人選擇跳舞，一些人選擇成為刺客，一些人選擇不選擇，而我始終認為，在下定決心作出抉擇以前，沙博爾夫斯基教會我們的，是在力所能及的時候，先去凝視著那些在面臨改變時所表現出來的掙扎。

——沐羽　作家

構成本書的十二篇文章，皆來自沙博爾夫斯基長年在土耳其採訪、深入觀察所得，就像煮土耳其咖啡，要深深埋進沙裡移動才能萃取出來。本書迷人之處，是透過各篇獨立的報導故事，串接出土耳其那可能找不到答案的矛盾特質。一個人人眼中的好孩子，為何會犯下刺殺教宗若望保祿二世的驚人罪行？愛與恨的交織、傳統與現代的拉扯，宗教與世俗的矛盾，構成了土耳其這個久遠國度的歷史紋路。而這股天人之際的緊張，或許正是奧秘的所在之處。

——林齊晧　《udn global 轉角國際》主編

坐落於歐亞大陸交界的土耳其中間隔著一道海峽。而在每個土耳其人心中，也有著這樣一道海峽，一邊是現代開放，一邊是傳統保守。如同透過跨海大橋就能輕易往返博斯普魯斯海峽，土耳其人每天也都在跨越心中的海峽。在波蘭最厲害的報導文學作家沙博爾夫斯基細膩的筆下，土耳其人可以早上禮拜、晚上跳舞。他在二〇一三年土耳其社會對伊斯坦堡市區公園改建爭執不休時，來到這個無論是地理還是心理上都充滿衝突的國度，極其深入地探索土耳其人的生活，從政治、榮譽殺人、性生活、妓女、信仰、國父阿塔圖克到總理艾爾段無所不包，讓外人一探土耳其人華麗現代化外表下複雜的生活與想法，是一本令人眼界大開的紀實作品。

——張育軒　說說伊朗創辦人

這是我看過最生動呈現土耳其多元社會議題的一本書。許多人認識土耳其的歷史痕跡與混血外貌，但這本書讓你更深刻看到現代土耳其的內在。身為女生，對女生的故事更有共鳴，像是榮譽處決、兩性觀念、凱末爾的前妻。身為土耳其觀察者，則喜歡古今人物故事，如總統艾爾段、共產主義詩人與帝國建築師。每當別人問起土耳其時，我總覺得難一語道盡，就讓這本書帶你登入真實的土耳其世界體會吧！

——魏宗琳（Zeren）　土女時代

土耳其是一個奇異的國度，東部土耳其更是。本書由許多小片段所組成，好似一幅鑲嵌畫，雖然一片片玻璃顏色各自不同，卻組合成當代土耳其一幅巨大圖像。作者生動的書寫，引領我們進入奇異國度，理解眾多土耳其人所思所想。

——蔡蔚群　北一女中歷史科教師

維特多．沙博爾夫斯基在強烈的新聞報導、敏銳的政治分析與幽默的觀察間取得絕佳平衡。他的報導對當代土耳其有深入洞察，展現該國家的優勢與許多矛盾……這是一部不可或缺的著作。

——《哈芬頓郵報》

臺灣版序

我永遠不會忘記第一次探索伊斯坦堡那天，不久後，我又認識整個土耳其。當時我二十出頭，滿懷青春的熱情，正前往土耳其東部參加一場學生研討會，途中在這座昔日奧斯曼帝國的首都中轉。抵達當地時，時間已經很晚，我拖著行李穿越幾乎整個舊城區。當地人把它稱為蘇丹艾哈邁德區。我走的那條路曾是蘇丹與朝臣們行走的路——當然，當時我還不知道。更早之前，拜占庭皇帝與他們的隨從也曾走過那條路。

從踏出第一步開始，我就驚艷得說不出話來。我這一生從未見過如此美麗的城市。

隔天，我又發現一件美得令人屏息、卻也像死亡般令人不安的事物：博斯普魯斯海峽，還有在海上航行的渡輪。那裡是世界上唯一能在十五分鐘內橫跨歐亞兩洲的地方，如果搭乘渡輪，沿途還能欣賞昔日蘇丹宮殿的壯麗景致。

就是在那艘渡輪上，我發現一件比風景或建築更令我著迷的事物：土耳其人聞名於世的熱情好客。當時有一名無家可歸的男子，因為認識我這個外國人感到高興，而與我分享他的三明治。他身上沒有別的食物，但我完全無法拒絕。我們就這樣分食了那份三明治。

如今將近二十五年過去，至今我仍記得他，以及他發自內心的微笑。

之後，我又多次造訪土耳其。先是作為馬爾馬拉大學的獎學金得主，後來成為記者，最後也成了觀光客。我曾以搭便車、火車、巴士與飛機的方式遊歷這片土地，也一路觀察土耳其的變化，包含它如何變得富裕，又如何重新定義自己的身分。但同時，我也見證它從一個不完美卻仍算民主的國家，逐步發展成專制的政權。

這場變革的代表人物是雷傑普・塔伊普・艾爾段，我曾有機會和他共進晚餐一次，但他始終沒有回答多年來我一直試圖向他提出的任何一個問題。

閱讀這本書時，您會遇到許多矛盾與悖論。對此，土耳其人常常只是淡然地說：「你不會懂的，因為你不是土耳其人。」

但我認為，我比他們想像的還要更了解他們一些。畢竟，我也來自一個如同他們的國家般，夾在東方與西方之間的國家；一個曾受獨裁統治，如今必須努力重建民主的地方。同時，我也來自一個當代決策受到歷史深深影響的國家。

如今，我寫的這本關於土耳其的書即將在臺灣出版，這個我從初次見面就深深喜愛的國度，一個同樣努力擺脫獨裁陰影的國度。

我十分期待各位讀者的回饋，也希望未來有機會聆聽您對這本書的感想。

致上敬意，

維特多・沙博爾夫斯基

二〇二五年於華沙

（本文由陳音卉翻譯）

目錄

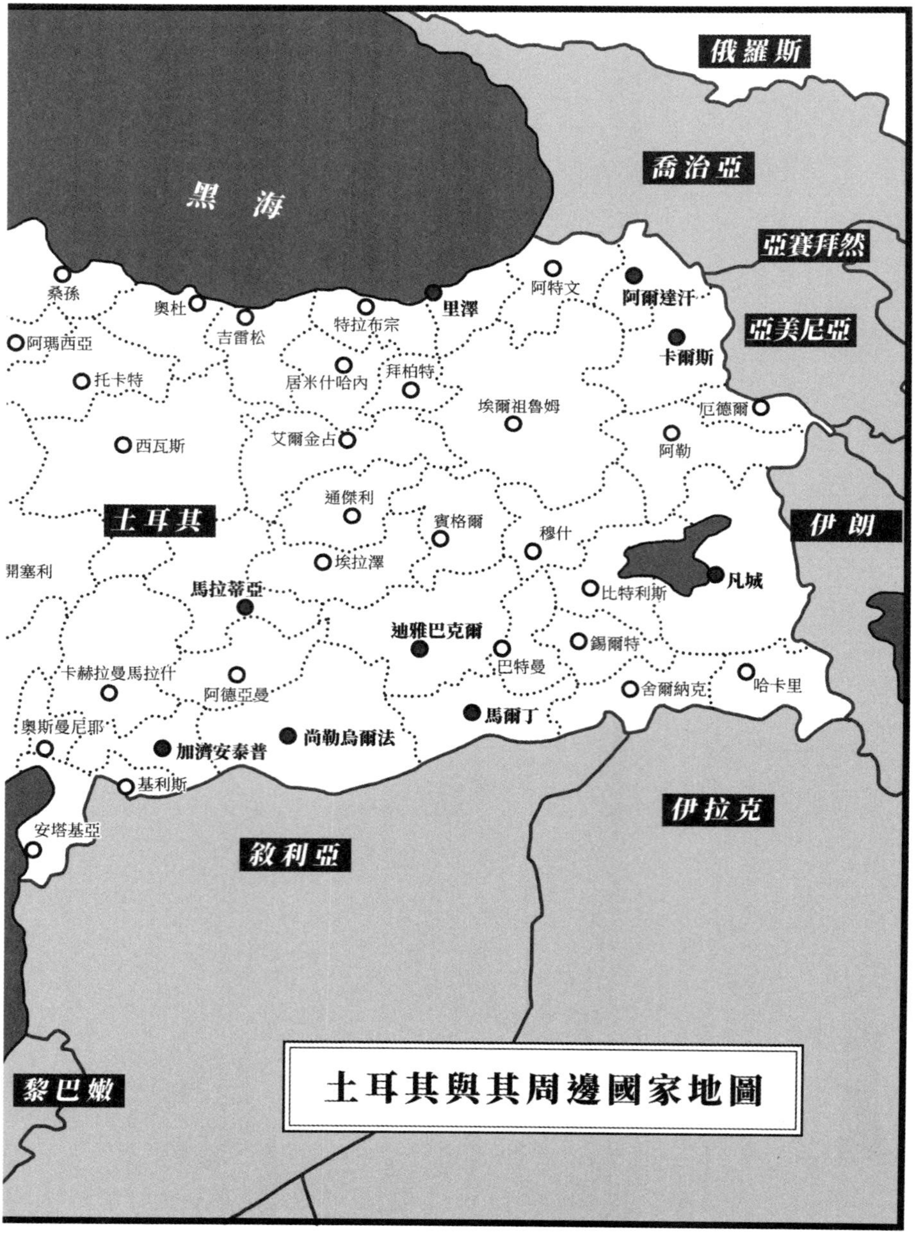

土耳其與其周邊國家地圖

保加利亞
希臘
愛第尼
刻克拉雷利
泰基爾達
伊斯坦堡
伊茲密特
恰納卡來
布爾薩
阿達帕扎勒
比萊吉克
宗古爾達克
巴爾騰
迪茲傑
博魯
卡拉比克
卡斯塔莫努
錫諾普
昌克勒
喬魯姆
安卡拉
艾瓦勒克
巴力克塞
屈塔希亞
埃斯基謝希爾
克勒克卡萊
約茲加特
刻瑟希爾
馬尼薩
烏沙克
阿菲永卡拉希薩爾
內夫謝希爾
伊茲密爾
艾丁
代尼茲利
布爾杜爾
伊斯帕爾塔
孔亞
尼代
穆拉
卡拉曼
安塔利亞
阿達納
梅爾辛
賽普勒斯
地中海

讀音說明

土耳其語中的 c 聽起來像英語裡的 j。因此鄂圖曼將軍 Mustafa Celaleddin 的姓氏讀音應該是 Jelaleddin（傑拉萊廷）。男性名字 Cemal 讀作 Jemal（杰瑪爾），女性名字 Hatice 讀作 Hatije（哈蒂潔）。

字母 ğ 會延長前行母音的長度。因此，槍擊教宗若望保祿二世的刺客 Ali Ağca 的姓氏發音為 Aaja（阿賈）。

字母 ş 與 ç 發音如英語中的 sh與ch。因此城市名 Şile 與 Çanakkale 聽起來像 Shi-le（希萊）與 Chanakka-le（恰納卡萊）。

字母ı與英語中的y發音相同，因此Nazim這個名字讀起來如Nazym（納辛）。

ö與ü的讀音同德文，發音時嘴唇略為噘起。

與土耳其人接觸的許多波蘭使節與士兵都喝咖啡。然而，咖啡一般被視為異教徒的發明，這倒不是說它是撒旦的飲品，而是它色黑、苦澀而味劣。要等到咖啡從巴黎和阿姆斯特丹來到我們這裡，喝咖啡才成為極致優雅的表現。

——雅羅斯瓦夫·杜馬諾夫斯基，專門研究食物與料理史，與波蘭某報訪談中所言

B－612號小行星只在一九〇九年被一位土耳其天文學家用望遠鏡見過一次。他在國際天文學會上長篇大論說明他的發現。可是他穿著土耳其的服裝，因此誰也不相信他的話。……幸好，有一個土耳其的獨裁者制定法令，命全國百姓改穿歐式服裝，違令者處死。一九二〇年，那個天文學家重新報告，穿得非常體面優雅。這一回，所有人都接受了他的報告。

——安東尼·聖修伯里，《小王子》第四章

我總感覺自己好像置身於連接博斯普魯斯海峽兩邊的一座橋上，既不屬於亞洲或歐洲任一邊，又同時書寫著兩邊。

——奧罕·帕慕克

代序

黃白相間的渡輪發出一陣哮鳴聲和嘎吱聲，朝空中吐出一團煙霧，啟程離港。

我們正從歐洲航向亞洲。航程大約二十五分鐘。船上有商人、乞丐，有穿著罩袍的女性和穿著迷你裙的女性，有非信徒和伊瑪目，妓女和伊斯蘭教修士，聖潔和不聖潔的人——全都是土耳其人，全都在同一班渡輪上。

「這些龐然大物的船長都是現代的冥界擺渡人卡戎，」我來自伊斯坦堡的詩人朋友泰芬說：「為什麼呢？因為跨越博斯普魯斯海峽的旅程既美麗又嚇人，跟死亡一樣。」

事實上，這些卡戎頭腦冷靜又專業，若非如此，他們的工作根本做不下去。博斯普魯斯海峽非常窄，有些地方寬僅數百公尺，卻有數千艘大小船隻穿梭其中。他們在這片水域上航行，最後將龐大的渡輪直直駛入小小的船位，差一公分都不行——這其中可沒有浪漫主義或希臘神話容身的空間。

當然，除非你是乘客。如果是這樣，那請儘管遐想連翩。黃昏降臨時，數以千計的宣禮員開始大聲昭告阿拉偉大至上，乘客間的談話隨之止息，大家陷入憂鬱而充滿哲思的情緒。我經常趁此機會隨機找一些土耳其人問問：「與這片海峽共存是什麼感覺？有人有興趣探討往來於兩大洲之間的日常旅程嗎？」

他們聳聳肩，不明白我在問什麼。海峽就是海峽啊。

只有詩人泰芬對這個問題毫不意外。

「我體內也可說有一片海峽。」他說，邊朝追逐渡輪的海鷗拋一大塊蝴蝶餅。「每個土耳其人每天都在傳統與現代之間徘徊一千次——要選帽子還是面紗；清真寺還是夜店；要歐盟還是討厭歐盟。」

真是一語道中。整個土耳其被一道隱形的海峽撕成兩半。我的女性朋友早上和男朋友喝義式濃縮咖啡、吃可頌、談論世界文學。到了下午，她們戴上頭巾到外婆家喝土耳其咖啡。我的男性朋友會在夜店來杯啤酒，開心享樂。但喝酒之際，他們唱的是兩百年前的歌。他們一副硬漢的樣子，不怕真主也不怕先知，但齋戒月一到還是乖乖禁食，等到他們的兒子長大一點，更忙不迭帶他們去接受割禮。

在保守的土耳其東部，我親眼見過伊瑪目在主持的清真寺外掛著歐盟旗幟，也看過給保守土耳其女性光顧的服裝店出售性感內衣。「一名女性如果成天遮著臉，」店員為我說明：「到了晚上會更想取悅丈夫。」

位於邊界地帶有其優勢。土耳其人創意豐沛、學起語言很快，能迅速博得來自各種地區的人們喜歡。雖然你想像不到更倒楣的處境，像是與躁動不安的敘利亞、伊朗和伊拉克為鄰，同時屬於中東、高加索與巴爾幹半島地區，但他們幾乎和所有人都能處得很好。

不過，在邊界上生活也有代價。西方視他們為狂熱份子，東方視他們為西方的馬前卒。蓋達組織會在土耳其發動恐怖攻擊，而半世紀以來，歐盟始終拒絕接受土耳其成為會員國，因為這個國家太大、文化上太陌生。

渡輪來到海峽中點。我們可以遙遙望見橫跨博斯普魯斯海峽的兩座橋。詩人泰芬先是凝望歐洲那一側，然後轉頭看亞洲那一側。最後他嘆了口氣說：「每個土耳其人都是那樣一座橋。」

塔克西姆的故事

「我們的總理是伊斯蘭主義者，也是危害國家的惡棍。我們必須抓住機會除掉他。」占領蓋齊公園的人民說。

「胡說八道！他是天才！是上天派來給我們的！」沒去公園的人民說。

此刻是二〇一三年六月。我帶著睡袋、露營墊和保溫杯，來這裡和爭論的正反兩方對話。是什麼讓他們團結，又是什麼讓他們分裂？普遍來說，占領公園將在他們身上留下怎麼樣的痕跡？

兩個部落

蓋齊公園鄰接一條四線道路，公園中心有一座噴泉，四個角落都有高檔飯店。伊斯坦堡市政府與土耳其政府都想剷除這座公園，在原址上蓋一座購物中心，設計將仿照鄂圖曼時期的一座軍營。於是在二〇一三年五月底，土耳其的年輕人在這裡舉行第一次示威抗議，但遭到警方強力鎮壓。

受到刺激，又有數千名年輕人來到蓋齊公園。他們在此紮營展開占領行動。不久，他們捍衛公園的抗議行動演變成反政府示威。在他們眼中，政府沒有傾聽公民的聲音，要把土耳其改造成伊斯蘭國家，採取的手段也日趨威權。這群人雖然數度遭警方驅離，還被土耳其總理貼上破壞者的標籤，但仍持續回到公園。

這讓兩個多星期以來生意受損的五星級飯店業者很頭痛。抗議開始後，從客房也能感受到警方施放的催淚瓦斯威力，有錢的房客紛紛去櫃檯預訂防毒面具。

這群房客因為出差或特別的購物月，而來到伊斯坦堡。在購物月，商品不僅大減價，商店還全天營業。然而現在這些目標都落空了，迎接他們的是暴動與刺激眼睛、鼻子、喉嚨和鼻竇的催淚瓦斯。每當房客感覺到催淚瓦斯的威力，就會來到客房外的陽臺，那裡能將公園盡收眼底：

成群反骨的年輕土耳其人聚集在公園內。他們留著長髮、蓄小鬍子（最近又流行起來），帶著吉他與手牌，手牌上是臉孔被畫了叉叉的總理雷傑普．塔伊普．艾爾段。

有些年紀較長的土耳其人挺著啤酒肚，穿著品質不一的西裝，一隻手拿著菸，另一隻手拿著一串召喚阿拉之名的伊斯蘭念珠，情緒高張而焦躁，在公園外圍走來走去。

「土耳其從中間一分為二，成為兩個部落。」讀社會學的祖貝伊德．托普巴什從她占領蓋齊公園的紅色帳棚裡，看著那些啤酒肚的人說。我們坐在她帳棚的睡墊上，在兩座帳棚外，有人用名為巴拉瑪琴的撥弦樂器演奏阿塔圖克革命時代的歌曲。

二十三歲的祖貝伊德留了一頭黑色長髮，膚色很深，在第三天才加入示威。「之前我不認為有什麼用處。好幾年來，我朋友都說他們受夠執政黨了。每次正義與發展黨的國會議員試圖引入鞭刑懲罰通姦時，我就會聽到同樣的話。*正義與發展黨禁止學校教進化論、在學校推動戴頭巾的時候也一樣。我以為這次也只會以空談收場。因為一直到現在，每次辯論的

* 正義與發展黨（Adalet ve Kalkınma Partisi，簡稱AK黨或AKP），二〇〇一年由艾爾段、阿布杜拉．居爾等人創建，二〇〇二年首次在大選中獲勝，成為執政黨，自此主導土耳其至今。官方自稱「保守民主主義」，強調民主、多元與世俗體制，但在政治實踐中結合伊斯蘭文化與民族主義等元素，並因為權力集中與親宗教、民族政策，而引發自由派與世俗派批評。

結論總是一樣：正義與發展黨為我們帶來經濟成長，是他們努力要讓我們加入歐盟。即便在這個過程他們很常提到伊斯蘭信仰又怎樣？顯然在這個國家也別無他法。」

蓋齊公園鄰近伊斯坦堡市中心的塔克西姆廣場。一開始，土耳其媒體對公園裡的抗爭隻字不提，祖貝伊德是在BBC新聞看見公園裡真正的情形後才收拾好背包，找到幾百年沒用的帳棚營釘，和一名朋友一起前往占領蓋齊公園。第一天她在臉書上貼了兩人坐在帳棚裡的一張照片，加了短短的標籤：#occupygezi（占領蓋齊）。從來沒有一張照片收到那麼多按讚數，短短十五分鐘就有五百個人按讚。「好多我根本不認識的人按讚，我沒想過會有這種事。於是我開始思考。」祖貝伊德說。「我的情緒一下子往上暴衝。現在最危險的事情，是我們的政客不試圖彌合土耳其人之間的裂隙，反而有意地擴大它。我敢說，老謀深算的艾爾段會利用我們的抗爭贏得明年的地方議會選舉，藉此鞏固選民，會投給他的人還是遠比和我們志同道合的人多。普丁在一九九〇年代靠著攻擊車臣人贏得俄國選舉，艾爾段也是這樣。我們沒有車臣人可以攻擊，近來跟庫德族也相安無事。即使如此，他還是可以讓土耳其人分成兩群，彼此敵對，非信徒對上信徒、自由派對上社會主義者、富人對上窮人。」

「既然在你看來這是讓政府得利，為什麼還要抗爭？」

「我們有什麼其他選擇？」祖貝伊德說，一邊玩著一綹頭髮。「再一次接受他的想法？假裝什麼事都沒發生？假裝你可以在一個世俗國家的心臟蓋一間清真寺，然後全身而退？」

「上次競選期間他就提過那座清真寺，結果他勝選了。」

「我們的清真寺數量已經超過醫院或學校一百倍了。文化在這裡處境困難，劇場藝術已經沒錢可用。但他們總會找到足夠的資金蓋一座清真寺。如果想在地方政府平步青雲，你就得參加每週五的禮拜。最好還是在上班時間去，這樣老闆才會看到你。我只能說，抱歉，但我們不可能同意你再蓋一座清真寺。」

漂亮男孩

「我完全不介意這裡有座清真寺。他們想蓋在蓋齊公園旁也可以。我唯一不懂的是，為什麼塔伊普那麼想把整個公園拆掉。」泰芬用幾乎像假聲的高細語調說，一邊誇張地彎曲他的手腕，讓我分不清他在凸顯自己的性向，或反過來以戲謔的方式模仿同志。我們坐在某個同性戀權利組織的據點。他們在公園裡擺了兩張小桌子，你可以來這裡跟任何人，例如說一名跨性別者對話。這裡發送免費保險套和……起司三明治。「塔伊普的屁股多好看啊！而且他生氣時好性感……」泰芬陶醉在幻想中，彷彿忘了自己在說的是土耳其作風保守的總理，對方可能寧死也不想被一個男同志讚美。「告訴你一個祕密，」他說，邊靠過來在我耳邊悄聲說：「他要拆掉蓋齊公園是為了我。」

「為了你？怎麼說？」

「應該說，是為了我跟我那些朋友。我們會來這裡打炮。」泰芬笑了，讓我有片刻時間仔細打量他。他大約四十出頭，穿著緊身牛仔褲、繫著鉚釘皮帶，身上的T恤有彩虹旗，胸毛刮掉了。「城裡的漂亮男孩都來這裡。有些變裝皇后和變性人也會來。蓋齊公園因為這樣在全土耳其都很有名，塔伊普也知道——畢竟他是在這附近長大的。」泰芬說，一邊指向卡森帕沙區，土耳其總理確實就是在那裡長大。

蓋齊公園因為男同志很多而讓艾爾段不喜，這件事我之前也聽土耳其的記者朋友提過。男同志必須消失，因為旁邊馬上要蓋一座清真寺。擺脫他們最好的方法就是關閉公園、用柵欄將它圍起來，在中間蓋一棟建築。

「自從他們把我們趕出蓋齊公園後，所有的皇后都只能跑去站在小巷弄裡。塔伊普叫人開來怪手和推土機，就為了蓋一棟醜不啦嘰的鄂圖曼時代軍營。但我就是沒辦法生他的氣，雖然媽的他對我們放催淚瓦斯。我就是這樣，總是笑笑的。以前我還住在科尼亞時——我是在那裡生的——他們都叫我皇后。那裡的人什麼都不懂，分不清死娘炮跟皇后的差別，我也沒力氣解釋。我非得離開那裡，不然他們早就把我打死了。」

「所以我來伊斯坦堡，搬去跟一個連走路都做不到的老gay一起住。每天，我都推著輪椅把他帶到蓋齊公園。他沒什麼搞頭了，但想至少看一眼。他要我把他葬在那裡，因為他最好的時光都在那裡度過。但最後沒能成功，也還好沒成功，不然現在怪手就會把他挖出來，還會對他噴催淚瓦斯。警察第一次來時，公園裡的皇后開始用各種難聽話叫塔伊普，說他是獨裁者、是法西斯，因為他派警察來對付我們。但我不會那樣，我不會說警察是法西斯。所以我跟他們說：『是誰為我們派來這麼多可愛的警察？你們欣賞就好了，因為這可能是你這輩子看到最美好的景象。看他們一邊用警棍打你一邊扭屁股！快看哪，你要感恩天賜好運，才會有塔伊普賜給我們這一切！』」

購物袋裡的手榴彈

但是，與警察交手絕大多數沒那麼愉快。

警察最猛烈攻擊占領蓋齊公園的人群前一天，一名男子試圖把一顆手榴彈硬塞給來自伊茲密爾一帶的法學生穆斯塔法。「他說他是逃兵，在這波示威中離開單位，還偷了一些彈藥。他把一個東西塞到我的購物袋裡，說那是手榴彈。他一直想說服我們，說我們需要手榴彈才能自衛，因為警察會毫不留情消滅我們。」穆斯塔法說。「我們怎麼做？我連碰都不想碰那東西。我那群朋友則想痛揍他一頓。我們知道他要不是線民就是煽動者。不僅如此他還有夠蠢，因為他想拿給我那東西的地方是一個和平營區——你看掛在入口上方的標誌，圓圈裡有一個大大的字母A。他最不可能硬塞給我們的東西就是武器。最後他跑掉了，我們追著他跑過大半個公園，一邊大喊：『快滾！』」

「我根本不敢想如果我們身上被發現有手榴彈會怎麼樣。警察就是在等這種事！每天都有像那男的一樣的人來這裡。我有個朋友一直看到同一個傢伙。每次與警方衝突時他都在，朝警察丟擲燃燒彈。但後來我朋友被帶去警車時，那個男的朝他的肚子猛踹，身上穿的還是同一件衣服。」

「可是，穆斯塔法，警方為什麼會想煽動你呢？」

「因為對和平群眾不能動用武力或催淚瓦斯，那樣很難看——你該做的是和群眾對話。這裡的人全都是和平份子。我們在這裡靜坐兩個星期，除了政治，我們談的不外乎是純素和果食主義，也會看電影。公園裡開了五個電影院了。我們還有辯論社、法律諮詢站、按摩師、美髮師，沒有什麼可疑活動。不管怎樣，我答應我媽不會捲入蠢事。我媽獨自把我養大，我欠她太多。在土耳其，單親媽媽的生活很不容易。因為在我們的文化中，一個女人要有丈夫撐腰才算數。所以當我媽說：『兒子，也許你還是不要去公園比較好』時，我回她：『我是為了你去的，老媽。如果國家一直給AK黨那些鄉巴佬管下去，對你這樣的女性而言情況只會愈來愈糟。我在這裡靜坐是為了你，我答應你一切都會沒事的。』」

「也確實如此。你看多少人在這裡做生意，賣起肉丸跟茶飲。要是我們有什麼殺傷力，他們應該會害怕、會保持距離。但是，只要一顆手榴彈，政府就能拿世上最惡劣的罪行指控我們，把我們關上五百年。」

民主面臨的考驗

「他們完全不守規矩。你沒看到他們怎麼搶我的店。要是可以，我想用壓路機碾過那些雜碎。」商店主人梅亭氣沖沖地說。他經營的是賣肥皂、果醬、口香糖和各種酒類的小店，就在塔克西姆廣場旁邊。但他已經一個多星期沒營業了。占領蓋齊公園的人一開始先是白拿了他幾包餅乾，接著在商店櫥窗上噴漆，最後在鐵捲門上寫下不堪入目的字眼，讓梅亭損失慘重。除此之外，他還極其憤恨不滿。他覺得像他這種投票給執政黨並支持總理的人，說話都沒人聽。「我一直在看外國的新聞報導，畫面中都是土耳其年輕人在對抗威權政府，我簡直不敢相信我聽到了什麼。說什麼塔克西姆廣場就像開羅的解放廣場？你們西方人真該去檢查一下你們的歐盟腦！一個總理，贏過三次國會選舉、兩次公投，總統也是他手下的人——真能把這樣的總理跟穆巴拉克相比嗎？我明白那些人有權捍衛公園，但他們有看過艾爾段到底是怎麼規畫的嗎？他們要在公園裡種更多樹耶！沒錯，他們是要在公園中心重建歷史上的鄂圖曼軍營，但他們會改善周圍的公園環境。」

「如果看起來會那麼漂亮，那現在這樣是為了什麼？」

「還不是每次都一樣的事！自從艾爾段贏了第一次選舉，本地和國外媒體就對他發動了可惡透頂、完全沒根據的攻擊。過去十年來，我老聽到他們說他是伊斯蘭主義者，說他會引進伊斯蘭教法，把土耳其變成下一個伊朗。沒人有半點在乎今天的土耳其經濟在世界名列前茅，出口成長超過三倍，道路和投資是以前的三倍，所有東西都是以前的三倍！」

「我是十五年前起家的，在比較窮的地區開了個小舖子，現在我在城裡不同地方開了五間店。我沒日沒夜工作，但從不抱怨。能擁有這些主要都得感謝政府，他們會幫助小企業主，也幫大企業主。土耳其證券交易所如今是世上成長最快的，這不是偶然。」

「那伊斯蘭教呢？為什麼女性空服員不准打扮漂亮？」

「天啊，拜託！如果他們真的像大家說的是那麼嚴格的伊斯蘭主義者，我還能賣酒嗎？整個東土耳其都投給他們，那些人是非常保守的，他們認為酒精比魔鬼還邪惡，所以政府偶爾必須表態給那些選民看。他們已經囉唆很久了，說他們搭乘土耳其航空公司飛去麥加朝聖時，不想看到空姐穿迷你裙。這有那麼難懂嗎？」

「但最重要的是，我們的總理真是有夠務實，也是很有能力的治理者。你們不想讓我們加入歐盟是不是？沒關係。現在我們的收入與生活水準都超越保加利亞和羅馬尼亞了，可能還有希臘。再過幾年，歐盟求我們加入都來不及。」

「不過，我說梅亭，難道你不曉得連中國記者坐牢人數都比土耳其少嗎？你們的總理也許是完美的管理者，但他的手段確實愈來愈威權。在我看來，蓋齊公園裡的示威算是在舉黃牌警告吧。他們在用這種方式表示：『總理，別走那條路。』」

「你知道嗎，」梅廷深吸一口氣，盯著裝滿酒精飲料的冰箱看了好一會兒，彷彿要從裡面為他接下來說的話找到確切證據：「現在全世界時局都不好。在這種時候，我寧可掌管國家的是一個穩定可靠的人，即使有些粗暴也一樣。在艾爾段出現以前，土耳其的政治一團亂，比義大利還糟糕。我們的政客完全無能做任何決定，黑幫握有巨大影響力，經濟也在走下坡。如今我們成功終止那一切。再說，」梅亭說到這裡頓了一下，眼神從擺滿酒品的冰箱，轉向門框和掛在上方的肖像。肖像裡是現代土耳其的國父穆斯塔法．凱末爾．阿塔圖克。土耳其幾乎每間商店、理髮廳、醫療診所、公共辦公室和餐館都掛著這樣一幅照片。對土耳其人而言，阿塔圖克是聖人般的存在。「他也以威權統治。」梅亭最後說，目光從肖像轉回到我身上。

阿塔圖克的遺產

我不意外梅亭花了那麼久，才吐露將艾爾段與阿塔圖克相提並論的想法。即使阿塔圖克在第二次世界大戰前就已逝世，對示威者而言，他仍是重要的參考座標。沿著公園外緣漫步時，我碰到兩個年約三十歲的年輕男子在激烈爭論。

「你如果不跟我們站在一起就不是真正的土耳其人，」其中一人大喊：「你不在乎民主或發展。你見鬼地一點都不在乎阿塔圖克的遺產！」

「你才是見鬼地一點都不在乎阿塔圖克！」另一個人喊回去，一副準備開打的樣子。

他們的朋友不得不從中攔住，那兩人隨時可能像參加一場鄉下婚禮的人一樣，朝彼此臉上互毆幾拳。提到阿塔圖克是絕對不能開玩笑的。蓋齊公園裡幾乎每一個人都在引述他的話，其中的例外可能只有庫德族人（因為阿塔圖克讓他們獨立建國的機會破滅）、極左派和無政府主義者。連純素者的營地都有他的肖像——事實上，連共產主義者都有一張在阿塔圖克與列寧之間畫上一個等號的海報。

警察在蓋齊公園清場時，一開始就把印有他肖像的非法懸掛布條從以他為名的中心拆除。拆下來後，他們馬上又掛起新的布條，這次是合法的。

「穆斯塔法・凱末爾一定會跟我們一起占領蓋齊公園！」一個年輕女孩大喊，她的牛仔襯衫上插著安全別針、鼻子上有個鼻環。「我們抗爭的重點不是樹，而是共和國！」

在安卡拉，總理艾爾段花了幾個小時對土耳其大國民議會說了類似的話。只不過他是在抨擊占領公園的那些人。

幾個學習

「從小學以來，我從來沒像在這裡一樣學到那麼多。」平時在某間政府辦公室擔任會計的梅汀熱烈地說。我最好不要寫出來是哪間辦公室，不過他可能還是會被開除，因為雖然有個醫生朋友幫他寫了病假單，讓他在示威期間不用上班，但整件事實在太明顯了——梅汀在第一顆催淚瓦斯在塔克西姆廣場炸開那天就剛好生病了。事實上，他工作的辦公室完全聽命於伊斯坦堡市長卡迪爾．托普巴什，市長又完全聽命於總理艾爾段。很難想像市長會容忍自己的員工中有揚言推翻政府的異議者。

「我不在乎。」梅汀說。為了證明這點他皺起眉頭，又咂咂嘴以示強調。在土耳其，那代表厭惡的意思。我們坐在他和女友的綠色帳棚外面，帳棚一邊是暫時變成蓋齊公園媒體中心的飲食部，另一邊是圍繞一座美麗噴泉的廣場。「我們辦公室裡全是執政黨AKP的人。午餐時間我部門的同事會討論各自都去哪間清真寺、先知穆罕默德提到女性時究竟想法是什麼。我絕對沒騙你，這就是他們談論的事情。我們有幾個非信徒，但我們一直保持沉默。我們部門沒人出現在塔克西姆廣場。最好什麼都別做也別說，因為我們都知道公務員是個好飯碗。」

「你在蓋齊公園學到什麼？」

「太多了！舉例來說，你知道挖土機可以燒多久嗎？看吧，你不知道。如果不把火滅掉，可以燒一整天，只是過幾個小時後就只剩下輪胎還在燒。」

「總理還迫使我們學會面對催淚瓦斯時如何自保。這裡到處在賣要價三、四里拉的防毒面具，那些放在家裡的電視上當紀念品就好。拿幾張面紙用水沾濕還比較有用。對付催淚瓦斯最有效的是檸檬或洋蔥。」

「你還會學會人心。之前有個男的每天都跟女朋友一起來。他是激進派，女朋友簡直把他當成聖人仰望。他號召示威者湧入城市、放火燒美國領事館、燒幾輛車，或許再燒一間店。結果呢？當警察終於抵達時，第一個跑的就是他，警察連催淚瓦斯都還來不及放。但他女朋友待下來了，而且很勇敢地面對。她可能很意外男朋友原來是這麼個 yarrak。yarrak 是什麼意思喔？就是男人的那話兒。」

艾爾段是企業界的寵兒

對伊斯坦堡的家庭主婦孫杜茲而言，蓋齊公園的示威彷彿科幻小說。我們在她位於富裕自由派的馬奇卡區家中寬敞的起居室談話。她先生是一名紡織業商人，總是在世界各地出差，她則在購物中心以及同樣位在黃金地段的朋友家中消磨時間。雖然蓋齊公園就在數公里外，距離卻彷彿有光年之遙。

「我的孩子也在現場參與抗議，」孫杜茲說：「我女兒在附近開一間美容院。她為示威者敞開大門，讓他們到店裡小便、清洗。但我在德國生活了大半輩子，看待這些抗議示威的觀點比較超然。我不認為土耳其真的會有什麼很糟糕的事發生。一間清真寺又怎樣？我們有很多穆斯林，所以也有清真寺。大家一直哀嚎愈來愈多女性戴頭巾，但這不是事實。研究顯示戴頭巾的女性數量在下降，只是戴頭巾的女性現在比較常外出。這應該是好事，不是嗎？她們待在家中只會被丈夫打。還是出門比較好。」

「總理的威權傾向怎麼說？還有催淚瓦斯。」

「是了，催淚瓦斯。你聽好——總理用了催淚瓦斯，然後全世界都在大驚小怪。催、淚、瓦、斯！不是武器，也不是軍隊。他沒有出動任何一輛坦克，只是派出鎮暴小組到現場恢復秩序，在歐洲其他任何地方都會這樣做。這種警察行動我在德國見多了，但也沒有引發全球的歇斯底里，或與中東獨裁者比較。」

「如果是穆巴拉克，他會下令用實彈射擊；如果是阿薩德，他會把半個國家夷為平地。但艾爾段用了催淚瓦斯，就像巴黎和柏林的警察一樣。就算他不總是順著大家的意思行事，那又如何？柴契爾夫人不是也一樣？席哈克呢？如果歐盟國家的年輕人覺得自己可以占領某個市中心重鎮，而不被噴一點催淚瓦斯，那他們對歐洲太無知了。現在的土耳其比許多人意識到的還要歐化，連艾爾段自己都沒有意識到。當然，我看得出他的威權傾向，也許他真的相信自己是蘇丹吧。但另一方面，歐盟是土耳其商人的主要貿易夥伴，而艾爾段是企業界的寵兒。他大可在那邊虛張聲勢，但絕不會跟幫助國家賺錢的人過不去，影響他們的利益。」

伊斯坦堡煉獄

當城市還在喧鬧時他們就起床了。他們穿上深藍色長褲、繫上靴子綁帶，套上有僱用他們的城市市徽的T恤。他們帶上救命的工具、基本藥物和溫暖衣物。

他們也帶了大型塑膠袋作為備用。

一輛本田吉普車載著他們抵達海灘。他們一公尺一公尺進行地毯式搜索，先是在最常有人出沒的地方，然後是比較無人使用的地方。他們在尋找船隻殘骸、鞋子、毛衣、背包、帽子、翻覆的小艇、濕透的毯子、文件、護照和孩童的毛線鞋——任何海洋可能拋上岸的物品。但他們首要尋找的是屍體。

「五年前，海水把兩名非洲人沖上海灘，旁邊就是高檔飯店。一群遊客發現了屍體。」卡齊姆說，他是穿深藍長褲和綁帶靴子的男性之一。「遊客不喜歡發現屍體。英國人、德國人或波蘭人花了大錢是來這裡度假的。我們必須在他們起床前清理完。」

我們坐在伊斯坦堡市集區的一間小咖啡館。半公里外就是著名的托普卡匹皇宮，那裡也是昔日鄂圖曼帝國蘇丹的住處。日復一日，每天都有數千名遊客來到這裡，一睹那位好命蘇丹吃飯睡覺的地方，還有他充滿美麗女子的後宮。

但這些都不是馬赫穆德關心的事。來自伊拉克的馬赫穆德有著花白鬍子和被尼古丁熏黃的手指，他每五分鐘要抽一根菸，像時鐘一樣規律，而且總是一路抽到濾嘴，直到菸頭燒到手指才停。

五年前他幫美國人當口譯，直到美國人的敵人對他發出死刑令才告終。美國人沒有幫他，不知道是無法幫還是不想幫。

「有個計畫專門援助曾經擔任口譯的人，但不包括我在內，只有阿拉曉得為什麼，」他說。「我已經有兩個同事被殺，再等下去也沒用。所以我帶著太太和五歲的女兒出逃。」

來自伊茲密爾的律師奧魯奇．烏魯索伊專門協助移民，他警告我：「不要相信他們的故事。他們不會說實話的。對他們而言實話太危險了。」

但馬赫穆德的英國腔增添了他的可信度。他說有個表親從德國寄來一千歐元給他，他在伊拉克的家人也攢了一千歐元，足夠讓他和妻女搭乘運輸卡車抵達伊斯坦堡。

「我把太太和小孩送去希臘，」他說。「第一艘船被海巡隊遣返。第二艘船開始進水，他們差一點就回不到岸上。」

如果馬赫穆德的話可以相信，那他們在第三次終於完成航程。

「還好成功了，因為蛇頭收的錢會讓你嘗試偷渡三次。那是特惠價，像在超市一樣。如果第三次還到不了，你就得從頭開始存錢。」馬赫穆德說。

如今，他太太人在慕尼黑，馬赫穆德卻困在伊斯坦堡。這裡他誰都認得，不管是小奸小惡、透過皮條客認識的騙子或蛇頭。多虧他，我才能知道很多事。

馬赫穆德必須存到兩千歐元。為此他教英文、幫忙販賣偷來的護照，也為人蛇集團招攬客人。他賺的錢不多，但如果一切順利，一年內他就會抵達德國。至於現在錢是最重要的，所以當我提出希望他幫我找到尤蘇夫時，他沒問尤蘇夫是誰或我為什麼要找他，只問了一句：「你會付我多少錢？」

我沒辦法付錢。於是他雙手一攤，把已經抽到只剩濾嘴的香菸按熄，逕自走了。

橋

有兩種版本的伊斯坦堡。

第一種屬於觀光客、五星級飯店和尋歡作樂的人。奧罕・帕慕克在這裡尋找他鄉愁的源頭，掛著相機的日本觀光客拍遍這裡每一個角落。每年有超過一千萬名遊客來到這座城市，整個國家的訪客則超過三千萬。土耳其的國家預算幾乎有百分之十來自他們的口袋。

但喜愛土耳其的人不只是觀光客。近年來土耳其還是商人的樂園，超過百分之七的經濟成長率吸引他們前來。政治人物也喜歡這裡，因為他們看見這個國家為了調和歐洲與亞洲所做的努力。

蓄著小鬍子的總理艾爾段說，這樣的伊斯坦堡和土耳其是東西方之間的橋梁。

但當今之時，真正的橋梁是另一個版本的伊斯坦堡。想看見它，你得脫離觀光客的路徑、鑽進小巷弄，還要把目光調整得銳利些。

然後，你會看見非洲人用他們最後一點力氣拉著滿載廢五金的手拉車，中國人在地下室削串烤用的小黃瓜，或眼袋永遠長在臉上的印度人在販賣假香水。他們忍受這種苦日子，因為他們夢想去到歐洲。他們相信我們的財富將是所有問題的解答。在他們眼中，連波蘭也是個超級富裕的國家。

這些人卡在土耳其總理所說的那座橋上。沒人試著算過有多少這種人生活在這裡。專家推測每年可能有五十萬到兩百萬移民通過伊斯坦堡這座煉獄。

「我們在工廠裡做工，每次輪班十六小時，」伊斯坦堡的媒體引述一名中國難民的話：「老闆讓我們住在工廠後面的一間棚屋，十八個人共用四張床、一張椅子。三個月後，他把我們趕走，也沒付工資。但他不付錢不是最糟的，最糟的是之後我們就一直住在垃圾山上。」

尤蘇夫

七年前，我在伊斯坦堡一間二星級的小飯店遇見尤蘇夫。他和我同年，長髮紮成馬尾、蓄了個大鬍子，看起來就像波蘭藍調搖滾樂手理察・里德的阿拉伯裔翻版。他的夢想只有一個：去到歐洲。

尤蘇夫來自利比亞，他用觀光簽證入境敘利亞，再從那裡跟著人蛇集團過來。我很意外，因為人蛇集團也會走水路從利比亞前往義大利，那樣比較省錢。

「我怕水。」尤蘇夫自覺可恥地說。

他是有理由覺得可恥。他應該跳上第一艘船離開的。雖然尤蘇夫說要嘛死掉、要嘛渡海而過，但他沒有，他白白浪費了時間和他爸爸的錢。

為了家人，他什麼都願意。

「但我必須離開，」他加重語氣說，一邊凝視分隔歐洲與亞洲的博斯普魯斯海峽：「要討老婆，你就得先養得起人家。我在利比亞是當老師的，連自己都養不起。」

不過尤蘇夫沒辦法嚴肅太久，馬上就換了話題。他問起我關於波蘭女孩、電影和薪資的問題。不管我怎麼回答，他的眼睛都像博斯普魯斯海峽上的船燈一樣發亮。接著他計算在利比亞得工作多久才能賺到跟波蘭人一樣的薪水，然後吹了聲口哨表示佩服。

我跟尤蘇夫是真正的好朋友。他的錢用光以後，飯店主人讓他在飯店裡上夜班。每次我去伊斯坦堡都會到那裡喝杯咖啡。

「伊斯坦堡是個不可思議的城市，」他說：「這裡有願意把最後一塊麵包和你分享的那種人，也有會割掉你的腎再把你丟到運河裡的那種人。」

他在尋找第一種人，我希望他找到了，因為一年前他寫了封電子郵件告訴我：「我在學游泳 :-)」。

我問他：「你要去別的地方了嗎？」他的回答還是一樣：「:-)」。
之後他再也沒有跟我聯絡過。有一天，他突然就離開了工作快七年的二星級飯店。

馬赫穆德

和馬赫穆德交談後兩天，旅館的櫃檯人員把我叫醒。阿布杜拉在大廳等我，他是個小混混，幾天前曾想賣一坨哈希（大麻樹脂萃取物）給我。他帶來馬赫穆德的口信：「中午見，跟上次同一家咖啡店。」

我提早十五分鐘就到了。

「你們報紙的印量多少？」馬赫穆德問我。

「五十萬份。」我說。

馬赫穆德很快算了一下。

「我幫你，」他最後說：「但你也得幫我做一件事。什麼事情？該知道的時候你就會知道。但現在我們要去這座城市逛一圈。」

我們喝完咖啡後出發。先去了渡輪碼頭艾米諾努，在那裡可以花一・五里拉（大約五十便士出頭）航向博斯普魯斯海峽另一邊，抵達亞洲。新清真寺位於此處。清真寺後方是市集的起點，前方有一片廣場。

「這片廣場上的小偷專攻護照。」馬赫穆德說。

接著他說明護照市場跟土耳其證交所一樣震盪起伏。五年前，一本波蘭護照只跟塔吉克護照一樣值錢，換句話說就是什麼也不值。但後來我們進了歐盟又加入申根區，今天，為了一本上面印有老鷹印記的小本子，移民必須付出一千美元，甚至是一千五百美元。

最貴的是德國和義大利護照，每本都超過兩千美元。伊朗護照賣得也不錯，因為伊朗與土耳其比鄰，他們的護照很容易取得，還提供進入波士尼亞的管道。一旦到了波士尼亞，義大利就不遠了，而每個利比亞人都有親戚或朋友在義大利。

「哇，你看看！」馬赫穆德說，一邊指著一名看起是美國人的灰髮男子，他身邊突然圍了一群人。「庫德族人在設陷阱，」馬赫穆德說：「這一點他們非常厲害。連你藏在內褲裡的護照他們都拿得到。」雖然那名美國人似乎逃過一劫，馬赫穆德還是欽佩地點點頭。

兩天後，兩位庫德族人對我下手，這次要偷的是我的現金。我的攝影師、口譯員和我聯手逮到其中一人，把他交給警方。我在警局待了半天做筆錄，那段期間有八個人因為護照被偷前來報案，另外有十六個人到了觀光警察局。光是一天，在艾米諾努廣場就有荷蘭、澳洲、德國和一本挪威護照不翼而飛。

「小偷通常會收到針對特定國家護照的生意，」一名警員告訴我：「有時他會跟蹤一名觀光客一整天，甚至更久。他們稱你們為『護照捐贈者』。」

我問馬赫穆德，拿著一本有我名字的波蘭護照可以做什麼。

「通常會被用來偽造，換掉一頁比偽造一整本護照簡單。但也有人會買未經任何改造的護照。移動中的人急著離開這裡，什麼都願意相信。即使跟他說，一位黑人可以拿著照片是一名叫沙博爾夫斯基的白種男性的護照入境歐洲，他也會信。」

船骸

二〇〇三年九月，大海把二十四名很可能來自巴基斯坦的移民屍體拋上土耳其海岸。土耳其人驚駭莫名，那是他們國家海域多年來發生最慘痛的悲劇。

但那只是後續發展的前兆。三個月後，六十人在前往羅德島途中溺斃。其中有伊拉克人、阿富汗人、約旦人，還有一名女性和她的十歲女兒。

就是在那次慘劇後，有些度假區開始僱用穿著深藍色長褲的人負責搜尋屍體，以確保不會由觀光客發現。

隔天，一艘前往羅德島的渡輪救起一名男子。那名男子二十一歲，是來自伊拉克的難民，他抓到一塊漂流木奇蹟似地生還。

之後一個月，土耳其每家媒體都對他進行專訪。他上遍各個報紙頭版，慈善組織爭相為他安排政治庇護、住處和工作，連同樣貧窮的遷徙者也湊錢幫助他。

「我在伊拉克就認識那個男孩，阿拉給了他第二次生命，」馬赫穆德說：「就好像他媽媽又把他生下來一次。你知道他拿這個新生命做什麼嗎？」

馬赫穆德帶我走進塔克西姆的後街小巷，那是伊斯坦堡的紅燈區與夜店區。在異裝者幽會的一條小巷裡，有個頭頂漸禿、蓄一綹紅鬍鬚的年輕男性坐在那裡。他盯著路面看、笑著自言自語，下巴上掛著一條乾掉的口水。

「你又吸茫了！該死，你又吸茫了！」馬赫穆德大喊，一邊抓住男孩。然後他看看我，又看回男孩。「他沒有撐過去。」他反覆說了幾次，過了一會兒才放開男孩的毛衣。他是阿拉給了第二次生命的年輕男子，但我無從確認他們是否真的是同一人。

衝浪者

通過伊斯坦堡的煉獄後，移民會前往海邊。他們躲在運輸車和汽車的後車箱裡，來到伊茲密爾的巴斯曼內區。

在這裡，他們遷徙的路線再度與觀光路線交錯。伊茲密爾是土耳其的洛杉磯，這座美麗的港口城市擁有一座老城堡和出色的美食。觀光客也來巴斯曼內，最便宜的旅館都在這裡。我們的旅館名為「感恩」（Şükran）。門口的階梯上有三個非洲人一邊嚼葵瓜子，一邊專注看著氣候頻道，彷彿光是盯著它看就能讓天氣變好。

巴斯曼內的市集可能是全世界唯一在午夜開門的市集。這裡販售香蕉、柑橘、西瓜、新鮮麵包、香腸、水煮蛋、巧克力和精力飲料。少數店家連繩索、折疊刀和救生衣等，任何在渡海時可能用上的東西都賣。

這裡擠滿了人。他們討價還價、大笑、把東西塞到小小的背包裡。人蛇集團就跟航空公司一樣，如果行李過重，便會收取高昂費用，走私的價格只含一個小背包。

轉過某個街角，我看見一間網路咖啡店還有一些收費便宜的電話，上面寫著：布吉納法索，每分鐘一歐元；阿富汗，八十分；敘利亞，六十分。偶爾會有一個人影匆匆跑過，要告訴家人他已經在伊茲密爾，再過一段短暫航程就會抵達夢想中的世界——歐洲。

從巴斯曼內再過去五十公里就是切斯美，那是抵達歐盟邊界前的最後一個港口。季節對的時候，那裡是風浪板玩家的天堂。當風從希臘吹來，他們便把風浪板拋到水裡，乘風破浪。這股來自希臘的風從山間吹下，讓風浪板在水面上滑行的速度加快許多。當這股強風吹襲時，遷徙者只能坐等它過去，因為要逆風航行，船隻必須配備好的引擎，而這類船隻的收費比較高。於是遷徙者便有了時間打電話給家人、買些巧克力、跟朋友聊天、嗑嗑葵瓜子。

直到他們等待的風從內陸吹來，這時玩風浪板的人會轉而前往酒吧或迪斯可舞廳，或去古老的艾菲索斯觀光。

汽車開到位於城市邊界的海灘。白天時，風浪板玩家在這裡享受人生；而現在，人蛇集團的船隻同樣從這片海灘啟程。在伊茲密爾和我交談過的移民曾提到，當船隻啟航時，難民往往能聽到迪斯可舞廳的聲音。

「我不敢相信他們在那裡享樂。我心想我可能很快就要死掉了，他們卻在跳迪斯可！」來自厄利垂亞的馬康姆說。「但接著我明白這是好事，因為引擎的聲音很大。要不是有迪斯可，誰都可能聽到我們的聲音。」

清真寺

我不想在巴斯曼內的人潮中顯得特別突出，於是在街上坐下來假裝睡著了，彷彿自己與周遭發生的一切都毫不相干。旁人可能會以為我是個毒蟲或遷徙者之一。「只要他們不覺得我是新聞記者就好，」我心想，一邊盡可能偽裝自己。

但這麼做根本沒必要，人們堂而皇之做著生意。由於今天的風向正好，那些廉價小旅館的門時不時打開，閃出幾個人影鑽進計程車、廂型車，甚至一輛標示「家具」的汽車裡。附近也時不時會有警車開過，但警察一點都沒有放慢車速。

這裡的旅館以「歐洲」、「美好旅程」、「朋友」和「夢想」為名，每道門上都掛了一個nazarlık，那是亮藍色中帶有一隻黑眼睛的護身符，用來為旅人消災解厄。

旅館主人在街角共同建立了一座清真寺。啟程前，旅人隨時可以去那裡向阿拉報備。清真寺後面還有很多電話。我在那裡與兩名來自奈及利亞的年輕人歐瑪和恩納姆迪聊起來。他們看起來二十歲左右。

「再過兩小時，等第一趟出去的車子回來，我們就要出發了。我剛剛打電話告訴我媽媽。」歐瑪開心地說。

「我們害怕嗎？兄弟，上帝最大，什麼事情都看祂怎麼決定。」恩納姆迪拍拍我的肩膀，說完他們就跑去市集，趕在最後買些東西。

我在販售新鮮麵包的一間店旁邊佇立半晌。

「你也要出航嗎？」賣麵包的人說。

「不，今天不去。」我回答他。

「要買票的話可以來找我，」他說，對我眨了眨眼。

卡恰克齊

秋冬兩季時，海岸上的飯店和餐廳紛紛推出觀光客七折優惠。大家都知道這時節的天氣不好，無法揚帆出海。儘管如此，這裡還有寧靜的氣氛和自然景致。

被稱為卡恰克齊的人蛇集團也會提供七折優惠。大家都知道這季節若是落水會比在夏天時容易失溫，死亡是立即的。但這也有好處：冬天時希臘人看守邊界沒有那麼嚴密。

「以前卡恰克齊會偷運香菸、酒精和其他東西。」我在首屈一指的移民專家伊契度尤古教授的作品中讀到。「現在他們改成偷運人。這裡沒有那種由教父掌管的龐大黑手黨，他們的結構比較像蓋達組織，是由很多互相合作但各自獨立的小團體組成。雖然如此，他們還是有能力組織從喀布爾到倫敦的複雜旅程。」

教授針對關在牢裡的人口走私者做過一項調查。根據他的研究，他們沒有一個人覺得自己做的事有什麼不對。不僅如此，他們還自認出了很大的力幫助別人，視自己的工作為一種使命。

在小城鎮和村落，誰都知道誰是卡恰克齊。距離古城帕加馬不遠的地方，有一座迷人的老港口艾瓦勒克，那裡的漁民為我指出其中一位卡恰克齊。他們稱他為阿赫梅特巴巴，意思是阿赫梅特老爹。個子瘦小的他穿著過大的外套，灰暗的嘴唇上黏著一根菸屁股，看起來有點像卡通人物。他來港口買魚，後面跟了兩個壯漢，我猜是烏茲別克人或塔吉克人。

阿赫梅特老爹的老闆是庫爾巴阿，意思是「青蛙」。庫爾巴阿和他的手下壟斷了從艾瓦勒克一帶到萊斯博斯島的走私人口生意。當季節對的時候，每天都有他們的船從鄰近的村莊出航。

「如果風勢好，清晨時偶爾會聽到噗、噗、噗的聲音。」艾瓦勒克的漁夫伊斯梅爾說。「那是他們的引擎。接著我們通常會說：『Kurbağa geldi』，意思是：『哦，是青蛙。』」

阿赫梅特老爹看上去像個和善的叔叔。他愉快地和每個人打招呼、擊掌、親吻老朋友的雙頰。當他走過我身邊時，他的肩膀差一點撞上我。他對我友善地微笑，像是自己很快樂，希望別人也快樂的那種人。

他知道我在打聽卡恰克齊的事情。他一定知道。我已經在艾瓦勒克待了三天，而阿赫梅特老爹什麼都知道。即使如此，他還是用友善的語氣問我：「你是觀光客嗎？」

「是的，」我混淆他：「你呢？」

「我？我是這裡的怪人。」他笑著說，走掉了。那兩個壯漢也在笑，大大的肚腩隨之晃動。

漁人

二〇〇八年九月，阿赫梅特老爹從貝赫拉姆卡萊派出幾艘小艇。從那裡到希臘海岸的直線距離只有五公里。

公元前三四七年，貝赫拉姆卡萊還叫做阿索斯。柏拉圖死後，亞里斯多德沒有獲選接任著名的雅典學院哲學家教師，而來到這裡療癒疲憊的精神。他經常從當地港口出航，前往萊斯博斯島研究當地的動植物。

阿赫梅特的船隻也航向萊斯博斯，啟程地離兩千多年前亞里斯多德出航的港口不到一公里。一切運作得相當有效率，直到凌晨兩點左右出現一艘船，船上載著希臘邊境警察。

從貝赫拉姆卡萊附近無人巡守的海灘上看，那一幕無比清晰。阿赫梅特老爹轉身就跑，但已經駛入希臘領海的四艘小艇就這麼被遺棄在海上，上面有三十八名乘客。

希臘人的行動非常激烈。他們用汽艇製造出大浪，其中一艘小艇隨之翻覆，船上的人被拋入海中。為了威逼他們趕快爬回船上，邊境警察開火催促。

接著他們拋出一條繩子，把四艘小艇都拖回土耳其領海，又把他們的船槳和引擎都拿走，讓乘客只能隨水漂流，可能葬身在海中。

「該死！」看到這一幕，漁人伊斯梅爾怒聲咒罵。他是少數有大船的人，可以出海捕鮪魚。但在這一天，他和一起工作的妹婿才剛離港，就看到四艘載滿人的小艇在求救。那些人沒有船槳，天候也愈來愈惡劣。

兩名漁人救起難民，把他們送去海巡站。但如今伊斯梅爾不確定自己當時是否做對了。

「起先我被指控跟人蛇集團是一夥的。」他告訴我。「我還得去說明情況。最後檢察官說：『我沒有找到任何證據，但我會特別注意你。』」

這裡的漁夫經常幫助移民。

「夏天幾乎每天都有麻煩。」伊斯梅爾說，他妹婿也同意。「希臘人會朝他們開槍。有時會在船身射出洞，結果還沒開始捕魚，我們已經花了兩小時到處開船救那些人，免得他們溺死。」

「我們靠捕魚維生，」伊斯梅爾的妹婿說：「撈人的話，接下來兩星期都不用工作了。你要先寫筆錄，然後要蓋指紋。如果這讓我太太因此沒東西給小孩吃，我要怎麼幫助這些人？」

伊斯梅爾接下去說：「現在我們不敢幫忙了。不僅如此，那些小船太多了，不可能全部都幫到。我後悔那次幫了他們嗎？天殺的就是。我不得不說我後悔了。」

邊境警察

二〇〇七年十二月，三十一具屍體出現在塞費里希薩爾鎮附近。沒人知道那次有多少人溺死。根據三名被救起的男性指出，船上當時載了超過七十名移民。

二〇〇八年三月，至少四人在哈泰市附近淹死。過了一星期，又有六人在季季姆一帶喪生。十月，海巡人員在緊鄰特洛伊古城的恰納卡來不遠處發現十七具屍體。當我寫這一章時，艾瓦勒克附近發現兩具屍體，後來又有兩具在波德倫被找到。

二○○八年十一月，人權觀察組織指控希臘非法遣返難民至土耳其，並指控土耳其的難民收容條件不符合人道。

同時間，德國組織「挺庇護」（Pro Asyl）出版了針對土耳其—希臘海岸的報告，副標題是「真相或許苦澀，但必須被訴說！」這句話來自萊斯博斯島拘留中心牆上的塗鴉。

報告作者之一卡爾．科普指出：「我們訪談了移民、漁民和人權組織工作人員，發現希臘邊境警察經常毆打移民，甚至朝他們開槍。他們把航入希臘水域的船隻轉向回土耳其，任船上的人自生自滅。如果有人經歷這一切仍成功抵達希臘，最後會被送到移民拘留中心，可能得在非常惡劣的條件下度過好幾個月。」

難忘的體驗

有一些希臘年輕人參與製作兩份報告，其中許多人深受他們發現的事實衝擊，而製作一份特殊的傳單。

別錯過我們的特殊優惠！
我們的警員保證為你們提供難忘體驗！
他們會朝你們的船隻開槍表達歡迎。
然後他們會製造出漂亮的大浪讓你們翻船。
你要是沒翻船，他們會拋下一條繩子給你，把你拖到我們某座荒島上的障礙賽場。
如果奇蹟生還的你依然渡海抵達了希臘，
還有另一個體驗等待著你——警棍招待，還有在一座迷人的拘留中心待幾年。
想散步嗎？一個星期一次！
歡迎來到希臘！你會享受到死！

傳單上的照片活脫脫出自觀光手冊，畫面中有一片海灘、幾棵棕櫚樹，外加一艘漂亮的小遊艇。然而站在風景前的人不是經常穿著清涼的女性，而是一名上手銬的男子。
這些年輕希臘人在與土耳其為鄰的每座島上廣發傳單，遍及海灘、酒吧和迪斯可舞廳。

我們在艾瓦勒克前往萊斯博斯島的渡輪上拿到一張。航程約一個半小時，船長說他經常看到滿載移民的船隻。

「夏天我有時會一次看到十幾艘船。我們早上六點回航，這時晚上啟程的船隻正好抵達。不過有一次，我看到一艘載滿移民的船在光天化日下駛入萊斯博斯島的主要港口。還真是明目張膽！」

伊卡洛斯

代達羅斯是個天才的發明者。當暴君米諾斯將他囚禁在克里特島時，他用鳥羽做成一對翅膀，與兒子伊卡洛斯一起飛到天上，逃離了島嶼。

接下來的事我們已經知道了：伊卡洛斯飛得太高，黏合羽翼的蠟開始融化。最後他急墜而下、落入石堆，溺死在海中。

許多個世紀後，彼得・布勒哲爾畫出〈伊卡洛斯的墜落〉。在這幅畫中，一艘壯美的大船正駛入港口，農夫在犁地，牧羊人看顧著羊群。遠處可以看到滅頂的伊卡洛斯一條腿，還有幾根殘存的羽毛。波蘭詩人塔德烏什・魯熱維奇為這幅畫寫下一段文字：

伊卡洛斯的冒險不是那些人的冒險
必須如此結束
一艘美麗的船隻仍繼續航行
前往它的終點港口
這不是什麼
驚天動地的事*

來自雅典的銀行業者安卓雅在冰箱上貼了布勒哲爾這幅畫的仿製品，也收集關於伊卡洛斯的詩和故事。那麼，她如何看待魯熱維奇的詩？

「很美，但那不是事實。在地球村沒有所謂『不是我們的冒險』。」她說。接著又頗富詩意地補上：「今天的伊卡洛斯也夢想飛去過更好的生活。在這裡的海岸，他們的夢想在石堆間破滅。在神話裡伊卡洛斯淹死了……就在離這裡五十公里的伊卡里亞島外海。」

兩前年，安卓雅從雅典搬到萊斯博斯島。

「第一天我開車出去兜風。到了城外，我看見一名女子用毯子裹著自己的寶寶。我順道載她和她朋友進城。他們剛從土耳其搭船抵達，安排好要在港口跟另一名人口走私者碰面。」

後來安卓雅才知道，像這樣的女性在萊斯博斯是日常景象。在旺季時，當地沒有一天不會出現成群的移民穿過列島首府米蒂利尼市中心。每年有數千名移民通過這裡。如今，當地墓園已有一百多個墓碑上寫著「無名移民」，那些墓碑屬於被大海送上岸的人們。

「多數人已經安排好下一段交通方式，」安卓雅說：「但有些人一無所有，還有些人會掉入我們公共局的掌握。」

為了幫助移民，安卓雅和朋友一起創立了伊卡洛斯協會。夏天是最多伊卡洛斯嘗試抵達希臘的季節，他們便在此時開車沿著海岸發放衣服和毯子，提供資訊讓移民知道自己有哪些權利，並為他們引薦一名律師、醫生和口譯員。

「這些都是我們的政府應該給他們的保障，」安卓雅說：「但政府根本就不在乎。」

我們在一間當地酒吧談話，正好兩名女子和兩名男子從我們眼前走過。他們渾身濕透，

* 原文見 'A Didactic Tale: V, Rights and Duties', in *'The Survivor' and Other Poems*, translated by Magnus J. Krynski and Robert A. Maguire, Princeton University Press, 1976. 此處為譯者中譯。

看來精疲力竭。其中一名女性戴著頭巾，另一人的頭部沒有遮蓋，但似乎一片茫然，彷彿不懂自己置身在何處、為什麼來到這裡。

「她看起來生病了，不然就是經歷了很糟糕的事。」安卓雅說。

他們每個人都帶著一只小背包。穿著牛仔褲和條紋襯衫的兩名男子緊張地東張西望。我們跑上前去，安卓雅問他們需不需要幫忙。

他們嚇壞了。

「請別跟我們說話，請別看我們，」較年長的男子說：「再過兩個小時我們就會消失。我求求你，親愛的女士，親愛的先生，千萬不要注意我們。」

小艇

我們碰到的移民都不願讓人拍照。於是攝影師和我驅車沿著切什梅與艾瓦勒克一帶無人巡守的海灘行駛，到了萊斯博斯島的岩石海岸。卡齊姆——那名穿著深藍色長褲和繫帶靴子尋找屍體的男子——曾告訴我們他和工作夥伴不會去的海灘在哪裡。我們每一個都去了。

我們在不同地方看到被沖上岸、破了洞的橡皮小艇，一共有五艘。其中一艘離切什梅不遠，周圍還有一些衣服漂蕩，包含一件夾克、帽子和夾腳拖。

我們打電話通報警方。

「噢，一定是有人丟掉的，」他們想要粉飾太平：「大家會把東西丟到海裡，而不是拿去垃圾場。」

在伊茲密爾協助難民的律師烏魯索伊說：「在世界的這個角落，每一頂被海浪沖上岸的棒球帽，都代表著某個人的悲劇。很不幸地，我們的警察依然視之為歐盟的問題，不是我們的問題。」

我眼中的你們

馬赫穆德始終沒找到尤蘇夫。他聽說有個利比亞人在某間旅館工作，但他不知道那個人是不是尤蘇夫，也不知道他後來怎麼樣了。

我們又在一起喝咖啡了，這次不是在咖啡館，而是在一間電子用品店，那是馬赫穆德朋友開的，他有時候會幫忙顧店。

「我捲入一些壞事，」他出其不意地告訴我：「我讀大學不是為了淪落到這裡販賣偷來的護照。我應該是個體面的口譯員和老師，也許還是個學者。但是我在你這個年紀時經歷戰爭，然後移民國外。現在我完蛋了。」

我們沉默了一會兒，因為我不知道如何回應這段意料之外的自白。我的沉默似乎惹惱了馬赫穆德。

「你知道現在土耳其人數最多的移民是伊拉克人嗎？」他終於開口問。這是真的。打從戰爭一開始，就有超過五百萬伊拉克人逃離自己的國家。

「你們波蘭人、英國人和美國人把我的國家變得難以居住，現在又讓我們吃閉門羹。這就是你們一心想推廣、鼎鼎大名的民主制度嗎？」他愈來愈惱怒地問我。

我不太知道該說什麼，所以只是安靜地坐在那裡。馬赫穆德平靜下來，從襯衫口袋掏出一張紙。

「我現在跟你說你可以怎麼回報我。你寫你那篇文章時，要把我的請願寫進去。很短。」

接著他讀出來：「我，馬赫穆德．X，前任美國陸軍口譯員，要請西歐幫我一個大忙：派一組軍隊來這裡，把我們全都閹割了。反正我們也餵不飽自己的小孩。當我們嘗試去你們的國家找份正當工作時，你們卻朝我們開槍、趕我們走。」

「閹了我們吧。這是在幫我們，也是在幫你們自己。」

一切都是為了愛，姊姊

1

哈蒂潔用手遮住嘴，彷彿擔心話語會從她體內流洩而出。她不想談。她從未和任何人談過那些事，本來也沒這個打算。

我向她說明她沒有任何危險，但重點不是危險與否。哈蒂潔只是不知道怎麼開口，訴說她經歷過的事情。

因為，要怎麼談她的父親呢？全世界的父親都愛他們的女兒，但哈蒂潔的父親想殺死她。

又能怎麼談她的母親呢？一個母親應該用自己的身體保護女兒，但哈蒂潔的母親對丈夫大吼：「你到底什麼時候才要殺了那個婊子？」

她要怎麼談帶著刀來到她家中的弟弟？或是從小跟她睡同一張床，長大卻沒警告她的姊妹？

如果她的丈夫阿赫梅特不是堅強的人，哈蒂潔不會活到現在。

我們在他們家中碰面。我們事先說好，如果他們覺得沒辦法談這件事，我不會堅持。接待我時，哈蒂潔穿著東方風格圖案的低襠長褲（哈倫褲）和完全遮蓋住頭髮的頭巾。阿赫梅特上唇有條濃密的鬍鬚，穿著格子圖案法蘭絨襯衫。他們兩人都二十二歲，結婚五年了。如同村中大多數人一樣，他們的婚姻是父母安排的，但他們很幸福。

他們的公寓有兩張椅子、一張沙發床和一條掛毯。他們還來不及買其他東西，也沒有小孩。兩人住在市場附近，那裡可以買到開心果、西瓜、乳酪和麵包。阿赫梅特就在那裡工作，販售蜂蜜。他們有些朋友也展開新的生活。

舊生活在阿赫梅特四年前去當兵時結束。那段時間，哈蒂潔只能搬去跟阿赫梅特的嬸嬸住。那位嬸嬸孀居，與兒子同住，所以是理想的安排。在土耳其東部，女性不可以獨居——那是不道德的。

問題是，阿赫梅特離開第二天，他嬸嬸的二兒子阿布杜拉就來敲哈蒂潔的房門。他不該那樣做，哈蒂潔要他走開。

他走了，但第二天他又回來，開始拉門把。「把門打開，我要來對付你！」他大吼。

哈蒂潔站在那裡，僵住了。她不知道該怎麼辦。大叫嗎？阿布杜拉會裝無辜。他不會坦承的。告訴嬸嬸？我的阿拉！誰會相信一個女人！

於是哈蒂潔用盡全力把門拉緊，最後阿布杜拉放棄了。但隔天他決定報仇。

2

從上方俯瞰，迪亞巴克爾像一片表面有幾個氣泡的鬆餅，某些地方有深褐色的隆起處。隨著飛機下降，我看出那些是石頭，彷彿從地面長出來一樣到處散布。

這片平原的邊緣處有兩條藍線是古代美索不達米亞的邊界，分別為底格里斯河與幼發拉底河。最初的文明就是從這裡發源。古人在此尋找《聖經》中的伊甸園遺址。基督教先祖亞伯拉罕與挪亞的出生地離這裡很近。

我們關注的議題也許要回溯到那個時代。進入這座城市前，要穿過一道黑色磚頭的城牆，由拜占庭人在一千多年前建造。根據旅遊指南，那是全世界第二有名的一道牆，僅次於中國長城。理應上要有數以千計名遊客造訪此地才對，但事實上沒有。迪亞巴克爾惡名在外。那裡是不存在的國家庫德斯坦與庫德族人的首府，這個民族隨時準備拿起武器，為自己存在的權利而戰鬥。

才不過幾年前，大企業都會跳過這座城市，但自從庫德族人不再埋設炸彈，政府軍停止炮轟鄰近村落後，生意人開始來到這裡。迪亞巴克爾有一百萬居民。如今這裡的大街放到哪座歐洲城市都不遜色，現代商店與昂貴餐廳林立，而且每個月都會冒出新的，因為名為消費主義的惡魔已經在這裡安頓下來，長駐於此。

只有蓄著大鬍子的家父長式老年男性不參與其中。他們坐在清真寺外的樹蔭下抱怨。電視、手機、牛仔褲、短裙、學校或報紙都非他們所喜。他們不喜歡任何為生活帶來混亂、或任何試圖改變他們古老原則的事物。

3

在東土耳其，每年都有數十名年輕女性遭到殺害。她們一個接一個在可疑或未知的情況下死去。她們是榮譽殺人的受害者，在這項傳統中，親人必須殺害有辱家族榮譽的女性。

庫德語電視臺記者艾榭・格克汗正以榮譽殺人為主題撰寫專書。「這裡的文化以男性主宰為基礎。任何反抗都必須受到懲罰。」她說。

家庭暴力防治組織卡梅爾的代表艾榭・菲根・澤貝克指出：「這種傳統有數千年歷史，不成文而且變動性很高。有時連對婚姻不忠都能獲得原諒，但有時一個女孩會因為只是想穿牛仔褲就丟了性命。」

「什麼？」

「女孩會因為想追求獨立而遭到殺害。近年來，貧窮迫使許多家庭離開村莊來到迪雅巴克爾。在很多情況下，他們彷彿是從中世紀來到這裡。那種衝擊非常巨大，尤其對年輕女性而言。」

「怎麼說？」

「女孩們發現自己置身在地球村，身邊充滿手機、網路、MTV。她們看到同儕可以單獨出門，不需要男性陪同，可以穿得漂漂亮亮的，不是只能一天到晚戴頭巾、穿哈倫褲，結婚前就能跟男性交往。她們也想要那樣的生活。」

「另一方面，她們的父親同樣不知所措。在村子裡要看管女兒很簡單，但到了城裡，一個女孩會產生什麼想法只有天知道。而且女兒跟成天待在家裡的媽媽、祖母和曾祖母不一樣，女兒會來跟父親說：『我想去電影院，我想去散步，我想買新鞋子。』通常被殺害的都是最出色的女孩，那些最勇敢、最外向的。」

我從飛機上欣賞美索不達米亞的那一天，一名父親在尚勒烏爾法殺了自己的女兒。為什麼？因為她傳簡訊給一家電臺為男友送上祝福。廣播中提及她的全名。她父親認為她玷汙了自己的貞潔。

兩個星期前，錫爾萬鎮有一名男子殺死自己的太太。他告訴家人，他們結婚時她已不是處女。他太太的父母猜想他一定是對的。

4

當阿布杜拉狂敲哈蒂潔的房門時，一百公里外有另一個故事正在上演。在美麗的古代堡壘馬爾丁不遠處的亞勒姆村，三十五歲的謝姆塞·阿拉克被一名五十五歲的男子強暴。

村人說謝姆塞有點瘋瘋的。馬爾丁的一家商店老闆直接說她有智能障礙。但這一切也許與另一種瘋狂有關。認識謝姆塞的一名編織老師說她不想結婚，所以村裡的人才視她為瘋子。

強暴者名為哈利爾·阿吉爾。他有太太和兩個小孩，住在村子外緣。平野從他灰色的石頭房子開展出去，上面布滿數以百計的岩石。

謝姆塞與父親、母親和兄弟同住在比較靠近村子中心的地方，就在通往清真寺的道路旁。每天她沿著這條緩緩上坡的道路從田野返家時，都會經過哈利爾家。惡毒的閒人說哈利爾根本沒強暴她，而是他們一起睡很久了，是謝姆塞發現自己懷孕了，才編出被強暴的幻想故事。除了八卦傳言外，這種說法沒有任何根據，警方與女性組織都沒有調查到任何證據。

沒人知道哈利爾是否受到謝姆塞吸引。有人說他暗戀她很久了。有人說是他占她便宜，還以為可以不被追究，因為即使謝姆塞告訴別人強暴的事，也沒人會相信一個瘋女人。

謝姆塞懷孕後，她的家人來告訴哈利爾：「你必須娶她，不然我們會殺了你，也殺了她。」哈利爾已經有太太，但謝姆塞的家人提議由伊瑪目證婚。在國家官員面前，你只能與一名女性結婚；但是在上帝的僕人面前，你可以跟兩、三名女性結婚。

哈利爾有意願，但謝姆塞的家人要求他付出數千土耳其里拉。他沒有那麼多錢，於是謝姆塞的兄弟空手而回。

但他們和哈利爾都知道，事情不會這樣結束。一個有愛的家庭一定會捍衛家中女兒的榮譽。

5

榮譽殺人的源頭已不可考，但可能來自游牧部落的傳統。一個女孩只要還是處女，她的父親就能收到聘禮。如果她不是處女，丈夫可以把她送回來。這樣一來，她不僅讓家人蒙羞，還必須靠家人養一輩子。對游牧民族而言，不管是需要餵飽的家中人口，還是聘禮帶來的金錢收入都茲事體大。根據學者研究，這可能就是游牧民族開始殺害家中女兒的原因。他們也殺害想離婚的女性，因為在這種情況下必須退回聘禮。他們也殺害拒絕家人安排婚事的女兒。

卡梅爾組織的澤貝克指出：「謝姆塞‧阿拉克悲劇性的死亡撼動了整個國家。我們也沒客氣，直接在她的墳墓旁宣傳我們的計畫。我們保證任何向我們求助的女性生存。」

「這項計畫進行得如何？」

「從二〇〇三年起，我們已經救了超過一百五十名女孩。如果女孩的家人鐵了心要殺她，我們就幫她在另一座城市找到庇護所。我們送她去，協助她展開新生活。庇護所受到嚴密警戒，因為有些家庭為了這件事不惜投入重本。兩年前，一個大家族族長的女兒跟男朋友跑了。他們派出二十輛汽車追她，在所有大城市搜索她。後來他們找到她，但她爬出窗戶、從殺手手中逃脫，如今沒人知道她怎麼了。」

「你們怎麼知道一個家庭是否決心殺人？」

「我們有心理學家同行。如果家人承諾不殺人，他會判斷他們是否值得信賴。」

「他們會做這種承諾嗎？」

「這個過程很棘手。你不可能跑到別人家，跟他們說：『看來你們打算殺掉自己的女兒，奉勸你們最好不要！』我們會先收集資訊。如果這家人很虔誠，我們會帶一名伊瑪目同行；如果父親在工廠工作，我們會請經理支援。有一次一名治療過某家祖母的醫生幫助我們；還有一次是一名和某家庭有親戚關係的部長從安卡拉打電話給他們。這些人會協助說明：『沒有必要殺人！有其他許多解決方式！』」

「這些家庭會怎麼回應？」

「前幾天我在尚勒烏爾法郊外的小村莊維蘭謝希爾。那家人叫家中女孩自殺。有個叔叔傳給她這樣的簡訊：『自己了結，否則你會受盡折磨而死。』為什麼呢？因為她在學校有個男朋友，而他開車送了她一程。這在鄉下地方是不可想像的事。」

「然後呢？」

「要跟一個家庭為了他們自家女兒的生命討價還價，感覺總是很奇怪。但現在我有自己特別的技巧。我會先說明自己也來自當地，我女兒也有男朋友，但我沒打算為了這個原因殺她。我給他們看手機上的照片，說她數學很好，但土耳其語不行。這次那個家庭中的父親接話了。他開始抱怨女兒必須學土耳其語這件事，並認為一切都是那間學校的錯，因為庫德族人為什麼要學土耳其語？」

「我總是試著激起他們體內休眠的家長魂。我問他們女兒出生時的體重、小時候生過什麼病、第一個說出的字是什麼，是媽媽還是爸爸？如果能喚醒家長，事情就上正軌了。」

「那這次呢？有用嗎？」

「他們答應不會對她怎麼樣，女兒也發誓以後都會和哥哥一起從學校回家。不過這也有風險。去年發生了著名的艾榭古爾．艾帕斯蘭案。她的先生在警察面前承諾永遠都不會再打她，一星期後，他把她打死了。」

6

什麼是榮譽？雅金．埃爾圖爾克教授對東土耳其的居民提出這個問題。他與一群志工合作，為聯合國開發計畫署寫了一份報告。這份報告名為《土耳其榮譽殺人動態》，是針對這個主題最完整的研究。

- 「榮譽是我們生存的理由。少了榮譽，生命就沒有意義。」尚勒烏爾法一名少女說。
- 「你的榮譽就是你的妻子。」伊斯坦堡一名二十五歲的男性說。說到「妻子」時他用的是helalin這個詞，意指你對她擁有權利的人。
- 「長輩說過，一個男人最神聖的財產是他的馬匹、女人和槍枝。榮譽是一名女性的職責。如果她試圖背叛你，你就失去了你的尊嚴。」來自阿達納一名三十九歲的男性表示。

• 「對我來說榮譽就是一切……如果我有妻子，她就是我的榮譽。我的姊妹也是我的榮譽，還有我的女性親戚——我叔叔和嬸嬸的女兒。圍繞著我和我家人發生的事情都是我的榮譽。」一名來自巴特曼的二十四歲男性說。

• 「一名女性的榮譽應該與她的家庭和丈夫相連。她的行為不可以讓人說閒話。她不可以分享家裡發生的事，不可以去跟她媽媽說：『媽，我先生會打我。』或者『我要離婚。』」巴特曼一名二十五歲的女性回答。

然而，關於榮譽的根本意義，還是伊斯坦堡一名年輕男性說得最好：「聽到『榮譽』這個詞時，我腦中唯一想到的就是女性。沒別的了。」

根據安卡拉一名自由派記者所說：「對他們而言，榮譽在一名女性的雙腿之間。」

埃爾圖爾克教授指出，對於懲罰女性態度最強硬的，是十六歲到二十歲之間未受教育的男性。

7

一切始於謠言。這是庫德族導演莫赫梅特・塞伊特・阿爾帕斯蘭告訴我的。他以謝姆塞・阿拉克之死寫了一部電影和一部劇本。

謠言總是來得突然。引發謠言的可能是一名男子經過時一個尋常的眼神或微笑。但有時連理由都不需要。只要一個人起個頭，另一個人再接著說下去就已足夠。

一開始，謠言彷彿一隻獵隼，盤旋於天空高處。在那個高度下，牠無法造成傷害。有時牠會飛走，危險就此遠離。

但有時牠會飛下來接近人，以他們的憤怒、遺憾、貧窮與妒恨為食。邪惡的人餵養牠，直到牠獲得足夠力氣進入村落。

牠像個獵人來襲，受害者仍渾然不覺，但判決已然達成。謠言導致詛咒，詛咒導致匕首。殺人者磨刀霍霍。

謠言是真是假並不重要。誰會想到要查證呢？重要的是一名女性玷汙了家族的榮譽。

謠言遠比真相重要。真相不會讓女性自由。唯一重要的是旁人的議論。

帶著這樣的理解，在迪雅巴克爾的路上行走變得很艱難。我專挑小巷弄走。孩童的鞋子破了洞，他們的母親鎮日坐在門前臺階上道人長短。這裡百無聊賴。突然間，地平線上出現一個綠點。綠點愈來愈大，但沒有逐漸成為熟悉的輪廓。人們的大腦開始搜尋正確的字眼，找到了：是yabancı，外國人。

一開始一群孩童攔下我。他們大叫著什麼，跟我要糖果和錢，但與其說真的期待我給出什麼，他們更是為了好玩。終於有什麼事發生了，終於有件事情可以拿來消磨時光。

他們的母親都很年輕，不到二十歲，臉上露出微笑。她們也很無聊，很願意聊聊，但在這座鎮上，必須由男人先開口。

我該回應她們的笑容嗎？我很想。我喜歡這種相遇。但謠言正是這樣開始的。事後可能有人會說其中一名女性對我笑得太頻繁，或是笑得太燦爛，也可能說她多看了我五秒。無論指控聽起來有多荒謬，都可能讓一個人喪命。

也許這麼說太誇張，但想到我的微笑可能會殺人，我低下眼神，沒有停下腳步。

8

有一個謠言如獵隼般在哈蒂潔頭頂盤旋。每座土耳其村莊中心都有一間小茶館，男人在那裡坐上一整天。在茶館裡，阿布杜拉對幾個人耳語：「阿赫梅特的太太是個婊子。」「他前腳才剛走，她就對我投懷送抱！我跟她睡了。今天我還要跟她睡！」

在接連多日無事的村莊裡，男性最愛這種故事。在世界上某些貞潔比生命更重要的角落，人們尤其愛聽女性不守婦道的故事。

阿布杜拉的朋友咂嘴表示欽羨：「Çapkın seni, abi！兄弟，你可真是猛男！」

然後他們奔相走告熟人，熟人又告訴他們的熟人。

幾個星期後，整個村子都在議論這件事。

這段時間，哈蒂潔對此一無所知。她只是在每個晚上用自己的身體擋住門口，不讓阿布杜拉闖進她的房間。

9

全世界沒有一個地方的兄弟這麼愛他們的姊妹，沒有兒女這麼愛他們的父母，也沒有父母這麼愛他們的孩子。這是土耳其庫德族人自豪的說法。既然如此，父親怎麼可能殺害自己的女兒，丈夫怎麼可能殺死自己的太太？

一切都是為了愛。

迪雅巴克爾大學的精神醫學教授艾特金．斯厄爾研究過這個主題。他造訪獄中五十名榮譽殺人犯，他們多數將在獄中度過餘生。他問他們所有人同樣的問題。

斯厄爾教授指出：「榮譽殺人不是衝動型犯罪，不是男人看到妻子跟別的男人在一起，抓起槍就射。榮譽殺人是經過仔細考慮的過程。首先是家族耆老齊聚一堂，因為一切都發生在氏族結構內。他們談論發生的事情、做出決定，接著指派一名行刑者。父親或丈夫往往對判決有異議，但他們不可能與家族耆老爭論，否則可能變成自己惹禍上身。曾有案例是丈夫拒絕殺害妻子，最後和妻子一起身亡。」

「殺人的是誰？」

「直系親屬。對多數人來說那是他們第一次殺人。下手後他們往往震驚難以平復。」

「他們怎麼說？」

「他們會說自己的行為正當，玷汙家族榮譽的懲罰就是死亡。整個社群都支持他們的信念，認為他們做的沒錯。身為捍衛榮譽的男性，他們甚至在獄中享有高階地位。我們提出的一個標準問題是：『你現在會對自己的妻子／姊妹／女兒說什麼？』多數人會在這時情緒潰堤。先前他們提到對方時都說『那個女人』。現在他們必須把對方當成一個人對待。他們說：『我會告訴她我愛她，我做的事是必須的。我會告訴她，我知道她能諒解。』」

「他們怎麼解釋自己做的事情？」

「我跟一個因為妹妹在高中交男友而殺了她的男性談過。他是個普通男性，還沒坐牢時夢想成為司機。我問他，高中戀愛真的就該死嗎，他回答我：『她玷汙了我的榮譽。榮譽是我最重要的事。榮譽是我僅有的東西。』我想那是現代還有這類殺人的主要原因。在村莊裡，工作、金錢和未來都付之闕如，人們有的就只有榮譽。發展好的人——有自己的生意、金錢和前景的人——很少殺人。」

10

現在哈利爾知道他已逃不了強暴罪名，而且此事攸關一條生命。他試圖爭取伊瑪目支持。有人說伊瑪目拒絕了，有人則說一開始伊瑪目拒絕，但後來把哈利爾和謝姆塞的兄弟都找來，想促成雙方和解。

同一時間，謠言在亞勒姆村的村民家中流傳。大家說是謝姆塞引誘哈利爾，她到了那個年紀還沒丈夫肯定是個婊子。既然是婊子，就必須受到懲罰。

此時，謠言已經像獅子一樣威猛。謝姆塞的家人私下會面後的決定是這個女人必須死。至少，今天亞勒姆村的人是這麼說的。

但哈利爾做了一件沒人料想到的事。

11

犯下榮譽殺人的幾乎全是穆斯林。他們如何看待伊斯蘭信仰？《古蘭經》提過要殺死不貞的妻子嗎？

我到迪雅巴克爾區的伊瑪目職業工會尋找答案。工會領袖是又瘦又高的札希特．吉夫庫蘭，根據他說明，如果有人懷疑妻子不忠，就必須和四名他信賴的為人夫者一起回家。如果他們捉姦在床，法庭就會判處妻子軟禁在家一輩子。

「《古蘭經》中隻字未提死刑。」伊瑪目吉夫庫蘭表示。他沒什麼要補充的，我們的談話隨之接近尾聲，但在房間一隅，有一位小老頭模樣的伊瑪目有話要說。他的名字是蘇萊曼．巴茲納巴茲，幾乎一輩子都在離迪雅巴克爾不遠的小村子裡工作。

「每一名女性都知道，如果自覺受到威脅可以來找我。」他說。「如果她身陷危險，我會嘗試和她家人溝通。有時只需要一個頭腦冷靜的人介入，就可以阻止犯罪。如果這一家人信仰虔誠，他們總是會照我說的做。」

「你指的是什麼，大師（hodja）？」

「我舉個例子。有個女孩跟一個男孩跑了。『我們要殺了她！』她爸爸大喊。我問他：『為什麼不把她嫁給他呢？他家人會給你很多錢，還有一些土地。你可以保有你的榮譽，而且過幾年大家都忘記這件事了。你兒子也不用因為殺人去坐牢。』他們同意我的辦法。另一個例子是有個男孩占了女孩子便宜，但沒有取得她同意。」

「他強暴她？」

「據說是這樣。她才十三歲，她家人想保她一命，但全村已經議論紛紛。於是我說：『讓他們兩個結婚！這樣男方不用去坐牢，事件落幕後女孩也能保有榮譽。」

「結婚？跟強暴犯結婚？」

「我的小兄弟，我這是在救她的命。結果你知道怎樣嗎？」

「怎樣了，hodja？」

「他們深深陷入愛河。她來找我跟我說：『hodja，我好快樂。』她已經忘了過去。」

「有沒有調停失敗的例子？」

「有，有一個這樣的例子。那個女孩被叔叔的兒子誘姦，結果懷孕了。我邀請她住在我的屋簷下，等待他們達成協議。她跟我和我太太一起住了半年。我告訴她的家人，我會准許那名男子娶第二個太太，他們只需要解決聘禮的事就好。雖然沒有那個義務，但男孩也想娶她。他家非常有錢，他爸爸出得起賠償金。」

「後來怎麼了？」

「第一任太太大鬧特鬧，用刀割自己的臉，說如果這樣她寧可死掉。女孩的家人不願等到孩子出生。他們闖入我家，綁走她，把她淹死了。」

12

哈蒂潔家族中的長輩齊聚討論阿布杜拉散播的謠言。他們決定這個女孩必須死。不管她是否開了門讓他進房，謠言都已經到了不可收拾的地步。

阿赫梅特在遠方當兵，沒人告訴他這一切。哈蒂潔的弟弟梅廷被指派成為下手殺害她的人。

梅廷在某日清晨抵達時，哈蒂潔正在幫母牛擠奶。他從她後方襲來，準備拿刀刺入她的脖子，但他下不了手。他才十七歲，他殺過動物，但原來殺人沒有那麼簡單。

哈蒂潔轉過身，看到弟弟手握刀子。她不知道他為什麼要殺她，但是這個地區的女性不需要知道原因。她們從小就熟悉這類場面。哈蒂潔知道，如果他們已經將她判了死刑，那他們遲早都會殺死她，於是當下她就逃了。

她以雙腿能移動最快的速度跑到迪雅巴克爾——足足有八公里遠。她自己也說不上來是怎麼跑到那裡的。到了城裡後她去找警察。

警察問她到底發生了什麼事。

「我弟弟想殺我。」

「你怎麼知道？」

「他拿著一把刀站在我後面。」

「也許他只是路過，剛好需要一把刀？」

「不是的，他是為了我來的。」

「你做了什麼事情傷害到他？」

「我不知道。」

「如果你沒做什麼，他不太可能會殺你。」警察微笑地說，叫她回家。

幸好，哈蒂潔之前就聽說過卡梅爾組織。她決定去找他們。

這絕非易事。她從來沒有自己在城市裡移動，也從來沒有需要尋找某條街或某個組織。跟人問路的下場可能很慘：來自鄉下的年輕女性獨自一人走在街上？這可不是常見的景象。

但她辦到了。在卡梅爾基金會總部，志工聆聽她的故事，接著幫她找到一間婦女庇護所，承諾協助調解。

13

在不久以前，榮譽殺人仍被視為家務事，不容外人介入，但在那之後已有好幾波媒體宣導行動席捲土耳其，連最小的村落都掛起海報。除了卡梅爾基金會，光在迪雅巴克爾就出現大約三十個以協助女性為宗旨的組織。今天，幾乎每一名女性都知道有需要時該到哪裡求助。

政府也嘗試強制家庭送女兒去上學。受到榮譽殺人影響最劇烈的是沒受過教育的女孩。上過學的女性有能力求助。連伊瑪目都為「所有女孩上學去」的活動出一臂之力。

然而，榮譽蒙塵的家庭依然找到其他方式自清。

「我們注意到，我們這個地區自殺的年輕女性人數以危險的速度成長，」斯厄爾教授指出：「以世界整體而言，男性的自殺人數遠比女性多，但在這裡情況突然開始轉變，讓我們著手審視這些案例。在馬爾丁，一名年輕女性朝自己的腦部開槍自殺。短暫訪談後我們得知她慣用左手，但槍擊來自右手。經過更長時間的訪談後，我們發現原來是她先生殺了她。在另一個例子中，一名女性朝自己的後腦開槍自盡。」

「什麼？」

「他們殺了那些女孩，然後通報是自殺，或是意外。在凡城市郊，有輛曳引機輾死一名女孩。『是意外。』她的家人說。但進行驗屍時他們發現，曳引機輾過她至少四十次。」

艾榭．格克汗研究了二〇〇六年迪雅巴克爾年輕女性自殺的所有個案。「某件案子是這樣的：一名年輕太太遇害前找過警察好幾次，她告訴他們：『我先生想殺了我。』但警察只叫她回家。一個星期後她已不在世上。我看了文件：自殺。對警察而言，紀錄這樣寫比較方便，畢竟這件事錯在他們。問題在他們也來自同一個環境。他們也許穿著制服，但他們腦子裡裝的東西和那些女孩的丈夫和兄弟是一樣的。」

卡梅爾基金會的澤貝克指出：「反對土耳其加入歐盟的人說：『他們殺害女孩。我們絕不能讓他們加入。』但我要說：『在我們的工作中，帶來最大幫助的就是成為歐盟會員國的可能。這已經拯救幾十位女孩的性命！如果要有足夠力量有效對抗這個問題，我們一定要加入！』」

14

謝姆塞投奔到強暴她的哈利爾家裡。她知道家人會下手殺害她。

有人說哈利爾會收容她是因為別無選擇，也有人說其實他真的愛上了她。他把她藏在地窖，然後告訴她的兄弟不知道她的行蹤。他想出一個可以拯救他們兩人的計畫。一天晚上，他領著謝姆塞到田野間，想藉此繞過村落抵達公路，從那裡搭便車或坐公車到馬爾丁。抵達馬爾丁之後他作何打算，我們將永遠不得而知了。

有人說是一隻狗叫醒了全村，還有人說是有人看到有陰影在田野間潛行。又有人說謝姆塞的兄弟早就躲在哈利爾家附近。這倒是不無可信之處，因為在深夜的田野中突然出現一大群人，連警察也沒能查出那一晚到底有多少人在現場。至今，第一顆石頭是誰扔的真相仍成謎，可以確立的幾件事情是，有十二到十八個人聚集在那裡，丟石頭的是男性和年長女性，而有幾個小孩穿梭在人群之間。

哈利爾試圖用自己的身體保護謝姆塞。他先死了。

憤怒平息後，大家各自回到自己的床上。

早晨，在該地區巡邏的士兵發現田野間有兩具人體，橫陳在一堆石頭之下。

15

謝姆塞．阿拉克並沒有死在田野間。她被士兵發現時還活著。她流產了，陷入昏迷，但仍有氣息。最後她被送到迪雅巴克爾一間醫院，但始終沒有醒來。女性組織的成員埋葬了她。她家族中沒有一個人參加葬禮。

村子裡，一場沉默的陰謀瀰漫，結果是兇手從未受到懲罰。謝姆塞的兄弟依然住在亞勒姆，哈利爾的妻子去年才搬到伊斯坦堡。

亞勒姆的石刑事件三年後，我來到這裡採訪當地居民。這座村落位於人口一百萬的馬爾丁市郊，入口處有一隻巨大的鴿子，嘴裡銜著一條橄欖枝。

我們告訴村民是歐盟派我們來的，要了解庫德族人的處境。我不想冒險——他們已經用拳頭趕走了好幾名記者，而歐盟在當地帶有正面聯想。

村裡的男人請我們喝茶。他們都蓄著濃密漆黑的鬍子。我們坐在村中廣場上聆聽。亞勒姆人口總計有一百二十人，只有大約二十到三十人有工作，其中有些只在夏天有工作，因為那時田間有農活要做。多數人一年到頭都在茶館裡度日。

「你們通常都做些什麼？」我問其中最年輕的男性，看起來大約三十出頭。

「這個嘛，我們就坐著，喝杯茶……」

他們的土耳其文程度很弱，於是我的口譯員改用庫德族語。他們頓時活潑起來，原來全村都是庫德族人。但是他們連庫德族語的電視都沒得看，因為馬爾丁鎮議會擋住了衛星天線訊號。

「我們聽得懂土耳其語，但我們的太太不行。」他們說。

「你們的太太還有什麼其他問題？」我問他們。

「缺乏醫療照護。醫生不會說庫德族語。連藥瓶上的標籤都只有土耳其文。」

「她們在任何官方機構都無法與人溝通……」

「暴力呢？有暴力發生嗎？」我問大約十二、三位庫德族丈夫。根據統計，他們是全土耳其最常打太太的族群。

氣氛陷入不滿的沉默。

「別人關起門來在家幹嘛不關我們的事。」一名年長男性簡短地說。我鼓起勇氣問他們，三年前的慘劇是否對村裡的生活造成任何改變。他們討論了一下我說的是什麼事情。他們猜想是石刑那件事。

「沒有，那件事情之後村裡沒有任何改變，」那名年長男性匆匆結束了我們的訪談。

在村子邊緣經營工作坊的女性編織老師也是同樣看法。她和我們談話已是莫大勇氣的展現，每個人都看到我們走進她的工作室。

「村裡女孩結婚前都在我這裡工作。婚後如果一個丈夫還讓太太工作，那是不榮譽的事情，所以這裡的女孩年紀都在十歲到十六歲之間。謝姆塞被殺後的那一天我想到，這對她們一定造成了創傷，而我應該和她們談談這件事。」

「結果呢？」

「我溫和地問她們：『你們很震驚吧？』結果我這些女學生說：『她活該，那個婊子！』」

「她們為什麼這樣想？」

「因為她沒有結婚。如果他強暴了她，一定是因為她引誘了他。我的學生滿腦子這種思想。」

「從謝姆塞死後有什麼改變嗎？」

「大家變得沉默寡言。全國都在議論亞勒姆，把我們全村的人都當成殺人兇手。那是土耳其數十年來第一起石刑案。媒體寫道這裡的每一個人手上都沾滿鮮血。」

16

阿赫梅特從軍中返家時，哈蒂潔請卡梅爾基金會的志工去和他談。

阿赫梅特不想談，因為他家人跟他說他太太跟別人跑了。當他得知原來這段時間她一直待在女性庇護所後，只說：「讓她回家。」

她回家了。

她的父親、母親和弟弟都裝作不認識她。他們很確定她一定跟阿布杜拉睡了。他們連問都沒問到底發生了什麼事。她的公公婆婆和家族長老叫阿赫梅特殺了他的妻子，但他相信哈蒂潔，拒不從命。

於是，他成為沒有榮譽的男子。一夕之間，烘焙師傅不賣他麵包，茶館老闆把他當空氣，也沒人回應他的問候了。

「你人就在那兒，卻彷彿不存在。」阿赫梅特說。「有次我去一間茶館，幫自己倒了茶，結果一名員工走來把茶潑在我鞋子上。年長的女性看到我就吐口水。我想買麵包，得走到八公里外的城市。而我的兄弟們決定把我跟我太太一起殺了。」

同一時間，阿布杜拉幾乎每天都打電話給哈蒂潔，說她終究會是他的——如果不是在生時，便是在死後。

17

阿赫梅特與哈蒂潔決定不要被動等待情勢發展。女性組織幫他們在迪雅巴克爾找到一間公寓。他們借了一點錢，但工作非常勤奮的阿赫梅特很快就還清了。

搬家後沒幾天，他們到村裡去取回最後的物品。哈蒂潔跟人借了一臺口述錄音機，等著阿布杜拉打電話來。

他打來了。他描述自己侵犯她時會採取的各種姿勢，說她是個婊子，任何男性都可以侵犯她。哈蒂潔鼓動他繼續說。

「你為什麼跟大家說我們上床了？我從沒讓你進過我房間！」她說。阿布杜拉大笑出聲。

「那又怎樣？他們會殺了你，而我會活下去。如果我想，他們也會殺了你爸爸媽媽。」他說。

次日，哈蒂潔把錄音帶拷貝了幾份。阿赫梅特把一卷寄給他父母，另一卷寄給哈蒂潔的爸媽。幾天後他們的父母打手機來道歉，要夫婦倆回家，因為現在事情都明朗了。但哈蒂潔和阿赫梅特不想再住在村裡。從那時起，他們再也沒跟各自的父母講過話。

只有阿布杜拉到今天還住在那座村子。

18

穿著白洋裝的女孩站在舞臺中央。她悲傷地凝視觀眾和環繞在周圍的人，偶爾有一個人走到舞臺中央發言。

穿白衣的女孩是謝姆塞．阿拉克。她死後從陰間返回，聆聽迫害她的人有什麼話要說。

「我的女兒啊，為什麼我沒救你？」她的母親哭著說。「相信我，我想的！但我們古老的傳統不允許。我的恐懼也讓我裹足不前，因為我害怕他們連我也一起殺了！」

「妹妹，別把我想成壞人，」她的哥哥也向她道歉。「我殺你是因為不得已。因為我們太貧窮，沒辦法付錢贖回榮譽。連在牢裡他們都看出我心地善良。所以他們放我出來……」

導演暨編劇阿爾帕斯蘭飾演擔任殺手的哥哥一角。他和其他演員的巡演足跡遍及東土耳其，也經常在很小的城鎮演出關於謝姆塞的這齣戲。

「觀眾分成兩個陣營。一群人會在母親大喊：『殺了她！她該死！』的時候鼓掌。還有人在石刑時叫好、吹口哨。但最重要的是，明顯多數人會鼓掌的時刻，是當伊瑪目說出：『讓他們活命。阿拉禁止你殺人。』」

希南之夢

我不喜歡僱用嚮導。

他們能告訴我的，鮮少比我自己可以在《寂寞星球》旅遊指南中讀到的多。如果你說：「帶我去一個不平常的地方。」他們會帶你繞過街角，前往最近的一間清真寺，然後期待你驚嘆於那裡有多特別，為之瞠目結舌。

任何人想成為我的嚮導，都必須能先讓我驚奇，否則我不願意浪費我的時間與金錢。

在昔日鄂圖曼帝國的首都愛第尼，我的導遊看起來像個想賺點外快的貧窮教師。他帶我參觀鄂圖曼建築的一顆珍寶：燦爛華美而多層次的塞利米耶清真寺。他穿著皺巴巴的長褲、過時的毛衣和角質框眼鏡，看起來像個無趣的人，卻在片刻間讓我驚喜。他沒說：「我會為你介紹土耳其最偉大的清真寺。」而是說：「我會為你介紹建築師希南最偉大的夢想。」

我的耳朵馬上豎起來。

1

「像希南這樣的建築師真是千年一遇。他被稱為土耳其的米開朗基羅，但米開朗基羅幫他綁鞋帶都配不上——他只是運氣好生在西方，而希南生於土耳其。直到今天，一個土耳其人要在海外成名還是很難。」穿著皺巴巴長褲的導遊遺憾地說。為了證明，他給我看蘇丹委託建造的這棟建築華美的磁磚涼廊。「希南的父親是以製作墓碑為生的基督徒。少年希南因而加入了耶尼切里軍團，這是從基督徒之子中選出的菁英部隊。」

「到了伊斯坦堡，他很快展現出卓絕的才華。他成為初階指揮官，然後是高階指揮官，但他更快讓人看見的是對營建工程的精通。據說當時他已野心勃勃。這種野心像一隻蟲一樣從內部啃噬他。」

「他第一件重要的作品是為蘇萊曼大帝之妻建造的許蕾姆蘇丹后公共浴場。這位蘇丹后名為許蕾姆，但你們外國人稱她為羅克塞拉娜。她是來自波蘭的俘虜，可能是烏克蘭神父之女，容貌非常美麗。蘇萊曼為她神魂顛倒。」

「這座浴場建在伊斯坦堡，位於聖索菲亞大教堂與藍色清真寺之間，今天是賣地毯的地方。當年，蘇丹很喜歡這座浴場，因此希南又獲得更多委託案——首先是一座橋，然後是一座清真寺，接著是一名重要將領之墓。」

「他在漫長的一生中建造了清真寺、伊斯蘭學校、古蘭經學校、醫院、商隊驛站、水道橋、宮殿、浴場。他為蘇萊曼大帝建造的蘇萊曼清真寺建築群，今日仍聳立於伊斯坦堡。所有人都景仰他。」

「但是他從來沒有滿意過自己，也不可能。因為他被野心之蟲啃噬。而且有一個巨大的膿瘡矗立在他的城市伊斯坦堡上方。」

2

「像聖索菲亞這樣的建築，也就是聖智教堂，在全世界沒有第二座。」我戴著角質框眼鏡的導遊告訴我，一邊領我進入穆斯林禮拜後放鬆休憩的花園。「近一千年間，它就是世上最高的聖殿建築，後來才被塞維亞的主教座堂超越。這座教堂建於十六世紀初期，而且，請注意，它的所在地本來是一座清真寺。」他說。「聖索菲亞的圓頂高達五十五公尺。而且才五年就蓋好了！直到今日，拜占庭人這項工程的速度與成果仍令人佩服。」

「征服者穆罕默德在一四五三年攻下君士坦丁堡並以戰勝者之姿入城後，決定不要摧毀聖索菲亞大教堂。他只是下令將這座聖堂改為清真寺。從此，他在新首都中心留下一個膿瘡。」

「異教徒目睹蘇丹與其帝國的財富無不瞠目結舌，然而最後他們總是說：『但你們沒有超越聖索菲亞大教堂。』無論蘇丹有什麼樣的豐功偉業、征服多少地方，異教徒還是繼續說：『你們沒有超越聖索菲亞大教堂。』」

「他們說得對，而我們土耳其人從來最在乎的就是異教徒的讚賞。我們無法欣賞自己擁有與代表的事物。只有你們西方人眼中透露的讚賞才能讓我們感覺到自己的價值。就這樣，這個膿瘡年復一年日益潰爛。」

3

「希南深受聖索菲亞這個膿瘡所刺痛和激怒，遠比其他人都嚴重。」我那位看起來像兼職賺外快的教師導遊一邊說，一邊為我指出行淨禮的地方。「他是歷任蘇丹手下最偉大的建築師。理應由他回應幾世代以前拋出的挑戰，建造一座更龐大、更美麗的建築。作傳者說希南活至耄齡，即接近一百歲，純粹是為了聖索菲亞。因為聖索菲亞，他才有動力每天早上起床、工作直到深夜。聖索菲亞成為他的執念。但他始終沒有一件作品達到他所渴望的高度。」

「超越聖索菲亞的機會在希南七十多歲時終於到來。羅克塞拉娜與蘇萊曼大帝之子塞利姆二世委託他在昔日的首都愛第尼建一座清真寺。相傳蘇丹在某次旅程中打起盹，當他來到高度相當於今日費內巴切足球場的地方時，先知穆罕默德在他夢中現身。先知首先責罵蘇丹，說他雖然立了誓，卻沒能從異教者手中解放賽普勒斯，繼而囑咐他建造一座清真寺以表歉意。」

「打從一開始，希南就深信這座清真寺將讓聖索菲亞相形見絀。他終於能讓那些異教徒知道他們有幾斤幾兩！終於，全世界都將為這名鄂圖曼建築師的技藝驚嘆，並為此讚美阿拉！」

「老人家迅速展開工作，逢人便說矗立在蘇丹王宮對面的膿瘡很快就會停止潰爛。」

4

「短短六年後的一五七四年，塞利姆邀請伊斯坦堡權貴階層參加塞利米耶清真寺的開幕。」穿著過時毛衣的導遊說，一邊帶我從數百年前，伊斯坦堡社會菁英欣賞的圓頂之下走過。「儘管興致勃勃，眾菁英來到清真寺後卻搖搖頭，不屑地微笑，悄聲說蘇丹和他的御用建築師一定是頭腦不清了。這座清真寺似乎一點也不比聖索菲亞教堂高。不僅如此，他們覺得看起來還小得多。」

「希南聽到這些耳語後心中憤憤不平。只有他一人確信，他蓋的聖殿超越了西方設計師的作品。竣工後幾個月他安詳辭世了，而且你知道嗎？」此時我的嚮導壓低聲音，深深望入我的眼睛。「希南是對的。一九七〇年代有一些美國人來到這裡，非常仔細地用雷射光進行測量。原來，塞利米耶清真寺的圓頂高度比聖索菲亞大教堂正好多出兩公分。」

5

嚮導和我握握手，把他賺到的錢塞到襯衫口袋裡。我付了全額，但我可以講價的，因為他對希南的生平還是有些渲染之處。不過畢竟我們說好要談的不是歷史，而是夢想。

於是我又找了一個人談塞利米耶清真寺，這次是伊斯坦堡建築師哈吉·穆拉特·厄茲恰諾魯。

「希南也許真心相信自己蓋了全世界最高的聖殿。直到今天還有許多土耳其人這麼認為，但他們錯了。塞利米耶的圓頂高度比聖索菲亞的少了大約十二公尺，但是因為圓頂比較高挺，所以也許看起來高度相近。塞利米耶清真寺只有圓頂直徑稍微比聖索菲亞的大一點，剛好半公尺。」

同樣不符事實的介紹是希南在完成這棟聖殿不久就離世，幾個月後辭世的人是蘇丹。那名建築師又活了十四年。他繼續工作、書寫回憶錄，從未相信自己輸給聖索菲亞大教堂。

伊瑪目與保險套

泰馮與奧茲蓋在伊斯坦堡同居一年了。他們睡在同一張床上。他們有何與眾不同？

「我們完全沒有性關係。」泰馮說，露出哀傷的微笑。

他是音樂家與詩人，她是平面設計師。他們過著放蕩不羈的生活：派對、賓客、酒精。

他們看起來不像極端的人，但奧茲蓋證實了泰馮所言不假。

「我必須強硬。他是庫德族人。」她說，一邊瞪著男友。

泰馮體內的野獸甦醒

泰馮看起來有些困窘。難道生於民風保守的東土耳其是他的錯嗎？

「可是親愛的……」

「泰馮，我知道你想說什麼！你想說你跟那些穴居人不同。說你會洗碗、會噓寒問暖。」

「我們家族中就沒有男人做過這些事啊！但我會。因為我愛你。我跟他們不一樣！」

「你們男人腦子裡就只有一件事！」奧茲蓋大喊，朝他丟了一包香菸。

「但你也想要啊，不是嗎，findikim！」*

「有嗎？」

奧茲蓋深吸一口氣，泰馮的話正中紅心。是的，她也想要。她也看得出來這不正常，她的朋友都在做，而且他們兩個都是成年人了，不是嗎？

有時候他們會在入睡前開始親吻。感覺很好，可是她知道他體內的野獸即將甦醒。那是什麼意思？意思是他會不聽她的話。她會說：「住手。」然後他會說：「Findikim，我的花瓣，我的小雲朵，我們來做吧，就這麼一次。」接著她會說：「把你的手拿開！」最後他會說：「什麼手？」

「你會特別小心，免得他興奮起來嗎？這太瘋狂了！」我說，泰馮隨即開心地拍拍我的背。

「只是很正常的小心。」奧茲蓋邊搖頭邊說。

「可是為什麼你們不能更進一步？」

「你去找個土耳其男人來問問看，看他會不會娶一個不是處女的女性。」

這次換成奧茲蓋正中要害。一般的土耳其男性雖然有大半天都在想性這件事，但他們絕對不會想跟一個非處女結婚。這就是為什麼女性往往對是否要愛情全壘打猶豫再三，直到新婚之夜。研究指出，百分之八十的土耳其女性第一個性伴侶就是她們的先生。

但那只是統計數字。婦產科診所可是靠著低調提供處女膜重建手術大發利市。

「我也可以那樣做，」奧茲蓋說：「可是伊斯坦堡雖然有一千五百萬人口，卻還是像個大村子。我有個同事去做了縫合手術，隔天她所有的朋友都知道了。原來那間私人診所的接待員是她前男友的表親。」

所以奧茲蓋必須採取更極端的手段。如果泰馮體內的野獸甦醒了，她就會起床打開燈，接著打開電視。如果泰馮不高興了，她就去另一個房間等他的情緒過去，要是他情緒過不去，她就睡沙發。

有時若野獸待著不走，泰馮便去朋友家睡幾天。

---

* Findikim 為親暱的稱呼，意思是「小堅果」。

「這一切是為什麼？」我提問。「伊斯蘭教有禁止嗎？」

「我不擔心那個。但他是東部人。那裡的女性少了貞操就什麼都不是。我要是跟他上床，他就不會再尊重我了。」

「你們在一起兩年了。如果只是為了性，他早就離開了。」

「你永遠不會懂的。你不是土耳其人。」

如何燒掉體毛

奧茲蓋也許說得對。她跟我說她女性朋友的故事，她們可能跟男友交往了一年、兩年或五年。在每一個故事裡，女孩最後都讓步了，但在每一個故事的結局，都是男方離開了女方。是奧茲蓋說得太誇張嗎？還是她的朋友太奇怪？或者，是她朋友的男朋友都太奇怪了？很難說。

二〇〇五年，土耳其大報《自由報》刊登了關於土耳其人性生活的報導，這篇報導有「土耳其的金賽報告」之名。裡面最有趣的一些數據如下：

- 百分之四十的男性不知道更年期為何物；
- 每三名女性中有一名從來不會想到性；
- （未婚）伴侶平均每個月做愛八．二分鐘，在此之前是十一分鐘的前戲；
- 半數女性無法定義或描述性高潮。

喜劇作家梅廷．烏斯通達格針對這些結果做出評論：「在土耳其，多數人認為 The clitoris 是新加坡首都。」*但如果排除信仰虔誠的東部，土耳其的現代性馬上倍增。「拉低我們數字的是那些穴居人！」伊斯坦堡的居民氣憤地說。於是我找了代表落後東部的一名男性，和顯然思想開明的一名伊斯坦堡男性，請他們談談他們的性生活。

二十一歲的梅廷來自保守思想的心臟地帶科尼亞，在大學讀經濟學。二十五歲的瑟爾達家境優渥，就讀私立大學。我們在他與朋友合租的公寓碰面。

「我滿十七歲時我哥就帶我去妓院，」梅廷說：「現在每個月我都跟學生旅舍的朋友一起去。去之前我們會洗浴、刮鬍子……」

* clitoris 是指陰蒂。

「你們會把毛燒掉嗎？」瑟爾達問他。

「會。」

土耳其男性很在意毛髮過多的事。他們會修剪或除去胸毛，還會用打火機燒掉鼻毛跟耳毛。為什麼呢？因為女生不喜歡多毛的男生。

「然後呢？」我問他們。

「然後我們會僱用兩名女性，一路爽快到天亮。」

「兩名？」

「多了我們付不起。她們待在一個小房間裡，我們輪流進去。等待的時候就抽水菸、喝茴香酒聊天。如果有人在裡面待太久，我們就會砰一聲用力敲門。」

「很多男人去那裡嗎？」

「在我的家鄉是的。我的朋友幾乎都單身很久，因為他們討不起老婆。沒有一個父親會把女兒嫁給賺不多的人，但人總有需求……欸，你知道我的意思，每個人都有。」

「在伊斯坦堡比較容易，」瑟爾達說：「我的初體驗在十六歲，對象是鄰居的女兒。每次派對結束之後也總有搞頭。東部非常封閉，但在這裡完全是享樂至上。我認為這是土耳其在性方面最大的問題。很少人只因為相愛而發生性關係。」

如何偷摘鄰人的桃子

根據《自由報》的研究，每三名土耳其男性中就有一名的性生活是從妓女開始。只有四分之一男性的第一個性伴侶是自己的太太。

「不過你要考慮到一點，」瑟爾達強調：「在土耳其，關於這個主題的研究從來都不可靠。女性永遠會說得比事實少，而男性永遠會言過其實。連接吻都沒有過的人會說得最誇大。」

每兩名男性就有一名說自己對妻子或伴侶不忠，這一點倒是與數字吻合。在土耳其，有高達百分之八十一的離婚婦女都說分手原因是丈夫出軌。

談性最有名的報紙專欄也是因為出軌而開始。這個專欄的作者署名為Güzin Abla——古欣大姊——她本人是來自伊斯坦堡的記者法特瑪・古欣・薩亞爾。多年來，各大報無不搶著刊登她的性諮詢專欄。

一九三八年，年方十六的古欣大姊嫁給一名土耳其海軍中校。她一頭栽入愛河，但很快就發現老公到處拈花惹草。古欣大姊決定離婚，並和自己約定：永遠不再與另一名男子締結婚姻。

她只破壞過這個承諾一次，在一九五〇年代晚期嫁給了報社同事。當她發現對方也不忠後，她把他的行李箱放到門外，決心餘生都要用來教育土耳其男性做愛之道。於是，名為「古欣大姊出主意」的專欄出現在雜誌《最新消息》中。

古欣大姊努力化解兩個世界之間的歧異。她對保守派說明性不是邪惡的，對自由派則說享樂至上最後只是死胡同，最重要的是愛。她提倡守貞、忠誠與婚姻內的誠實，但她也鼓勵已婚者在床笫之間勇於嘗試。

「親愛的古欣大姊，」一九六〇年代晚期，某位女性讀者來信寫道：「我不知道該怎麼辦！我在我先生的書桌裡發現另一個女人寫給他的信！他有外遇！古欣大姊，幫幫我！絕望的法特瑪。」

「親愛的法特瑪，」古欣大姊回覆：「男人就像小孩。你太把他當回事，他就會去別人的花園裡摘桃子。試著嚇唬他，揚言要離開他。如果他愛你就會想盡辦法把你留下。」

土耳其年輕男性嘲笑她的老派觀點。「去找古欣大姊啊。」每當誰跟大夥兒訴苦讓大家無聊了，他們就會這麼說。

儘管如此，多年來一直有數百萬人閱讀古欣大姊的忠告。而最讓她激動的始終是遭到丈夫背叛的女性來信。「土耳其男性的基因裡就寫著對婚姻不忠的編碼，」某次訪談中她說：

「因為他們當中很少人會從男孩長大為男人。」

如何治好不爽的愛愛

一個男孩無法長大成男人的原因很多。在土耳其有一個特別常見的原因，用中文說實在很難聽：割包皮男性症候群。這到底是什麼意思？提供我解答的是一名性學家穆斯塔法·居內什。每週七天，他的問診間外面都排了一長排患者。

「我是性學醫生。」他自我介紹時面帶微笑，黑色鬍鬚在日光燈下閃耀。他拿起一個長而癟的橡皮氣球，在這個場所，這只能讓你聯想到一件事。接著，醫生口中操著很破的英文（因為他堅稱自己懂英文，也要用英文溝通），為我說明這個症候群。「看你！」他說，然後朝著氣球裡吹氣，直到氣球變得長而鼓。「這好傢伙，可以愛愛，」他說，一邊用氣球磨蹭自己的手掌：「但有時候男人有擔心的事。他愛愛碰上問題了。接下來會怎樣？」

「會變得更糟糕？」我努力猜想。

「糟糕很多！」醫生確認了我的猜想，從氣球放了一點氣出來。氣球現在不硬了。「但他可以繼續愛愛，」醫生說，再次用氣球磨蹭手掌：「不過，情況還可以更糟糕。有時候男人有大擔心。新工作。新公寓。和太太玩完了。這樣，有好幾個月的擔心。那會怎樣？」

「那就非常不好了？」我再猜。

「大擔心！」醫生開心地說，又從氣球放了一點氣出來。現在裡面幾乎沒氣了。「但他還是可以愛愛。」性學醫生告訴我。

「可是這跟割包皮有什麼關係？」我問他。

「你想想……在我們國家，我們不幫嬰兒割這片皮。在我們這兒這是大男孩的事。」說到這裡，醫生期待地看了我一眼，想知道我能不能自己想通。

他說得沒錯。對土耳其的男孩而言，割禮就像天主教徒第一次領聖餐，是一種成年儀式。窮人在醫院接受割禮，由國家醫療體系負擔費用。富人在特別的音樂聲中由著名的割禮師操刀。土耳其政客與名人愛用的割禮師凱馬爾．厄茲坎還會舉辦特別場次，讓一百名男孩在一場聲光秀中永遠告別他們的包皮。事後，他們穿著男童禮服、手持權杖，被帶去餵鴨子，吃麥當勞冰淇淋，再去對老艾尤普鞠躬敬禮——這名戰士曾與拜占庭人對抗，如今他的墓碑是伊斯坦堡最神聖的遺址。

但是，性與割禮有什麼關係？

「想像一下你七歲。你最近才發現你有陰莖，你不是小女生。一年來你知道他們要對你做某件事。他們要割掉那裡的一小片，手術你。會痛。光這個就擔心了，對嗎？」

「對，會擔心。」

「然後學校其他男生說他們會把整個東西割掉。有個愚蠢的叔叔還說這是真的。這樣你就有超級大擔心了！」醫生把氣球最後一點氣也放光，使勁地把它甩來甩去。「然後等到你長大，想要愛愛，問題就開始了。你想到陰莖就害怕。身為男人你完蛋了。」

那要怎麼治療呢？這是個漫長的工程。醫生從性學家變成心理學家。他帶病患回溯恐懼的源頭，要他們把陰莖當成關心的對象一般談論，彷彿一個朋友那樣。

讓居內什醫生遺憾的是，割包皮男性症候群被集體緘默的陰謀所籠罩。在土耳其男性中，每五人就有一人可能因此有勃起功能障礙，但大家從來都不談。

「他們說sünnet——割包皮——好得不得了。可以去除細菌、增強性能力。對小孩，他們把這件事變成一個盛大的假日：有男童禮服、綬帶、金色亮片。最後這個男孩長大了，不能愛愛。但這個沒人說！」

「為什麼？」

「在我們國家每個男人都要很陽剛。我的客戶瞞著太太和未婚妻來找我。幾乎每一個都戴墨鏡，連在冬天也是。土耳其男人寧死也不會說他的傢伙不好用。他會去市集買威而鋼。

也許唯一比陽痿還糟的就是同性戀。」

如何在土耳其舉行同志驕傲遊行

親愛的古欣大姊，我有個大麻煩。我一點都不受女性吸引。本來我以為只是因為我很拘謹，但不只是這樣。最近我跟一位男性朋友一起去游泳池的時候，感覺到強烈的性興奮。這是我最害怕的事。我該怎麼辦？請幫助我！梅廷。

親愛的梅廷，我很為你難過。折磨你的疾病稱為同性戀。值得慶幸的是，這是可以治癒的。古欣大姊。

提到古欣大姊之名，可能只有在一個地方才不會引發友善與認同的微笑，那就是拉姆達伊斯坦堡。那是一個為男同志、女同志和性少數爭取權益的協會，在協會任職的於斯通格在我提到古欣大姊時義憤填膺。

「她造成很多傷害，」他說：「我們花了好多年建立包容性，她卻反覆在每一次訪談中說：『男同志，去接受治療。女同志，去接受治療。』真是該死！」

拉姆達伊斯坦堡是個活力十足的組織。他們每年都與其他幾個組織共同舉辦一場盛大的遊行，外加為期三天的會議。討論主題包括男同志與女同志創作的藝術，以及阿拉伯國家的少數族群處境。每年遊行都會有數千人參與，其中超過半數是異性戀者。

「自由派態度比較開放，有個男同志好友甚至挺時髦的，」於斯通格說：「保守派就比較不是這樣。」

「比如說？」

「我父母住在鄉下。對他們而言，有個同性戀兒子簡直是超級大災難！為了滿足他們，我有個女同志朋友充當我的未婚妻。她會跟我一起回家看我爸媽，我陪她回去看她媽媽。我們還想過要結婚，但那就太過頭了。目前我們在爭取民事結合的立法。但即使這件事有可能，我也不知道我會怎麼做……」

「為什麼？」

「我在伊斯坦堡的朋友都知道我是同志。但我總是下意識想瞞著我爸媽。」

「鄰居呢？」

「我跟我男朋友已經被迫搬家兩次了，因為他們開始對我們投以奇怪的眼光。我們的社會實在非常落後。」

演員如何模擬性行為

一九二二年春天，正派體面的伊斯坦堡市民貝西姆・厄麥爾・帕夏來到卡德柯伊區警察局投訴，因為他注意到每天晚上在歐戴翁電影院都有可疑人物聚集。警方迅速採取行動，於是，土耳其史上首次有道德敗壞的人看色情電影被活逮。那起事件惡名昭彰，媒體大聲疾呼：「他們在帶壞我們的孩子！我們要求從嚴判刑！」

那次事件被視為五十年後達到鼎盛的土耳其性產業起始。一九六〇年，土耳其人已經可以在電影《兩艘船隻並肩行》看到刺激畫面，目睹一對女同志愛侶親吻——或者說是嘴唇輕輕地相觸。

不過，第一部性電影《撕裂我，貝賀切特》的首映，才被視為革命真正的發端。那部電影的首映會是一場盛大而精心安排的醜聞，多達七千名幸運觀眾到場觀賞。電影在伊斯蘭保守勢力的大本營科尼亞放映，有些強硬派穆斯林在戲院外示威抗議，遭到警察鎮壓。自由派則刻意招搖地多次前往電影院觀影。之後，電影製片人接著拍了數十部性電影，賺取數百萬里拉。

當時的土耳其電影產業擁有世界水準。土耳其人重拍好萊塢電影，超人與蝙蝠俠風靡一時，創下紀錄。然而由於這些電影都是低成本製作，今天的土耳其年輕人看這些電影只是因為好笑。土耳其版的《星際大戰》名為《拯救世界的男人》，堪稱史上最爛電影。

性電影的榮景在一九七八年戛然而止。在八卦小報的壓力下，性電影製作人不得不承認演員只是假裝上床。一夜之間，土耳其人都不上電影院了。

電影製片別無選擇，只能把事情做到底。一九七九年，第一部完全合法的土耳其色情片出爐，名為《誰是那女人》，土耳其東部和西部的電影院都上映那部片子。

「那部電影非常重要，」性學醫生居內什說：「首先，它是一個安全閥。壓抑的性衝動會滋養極端份子。當年的空氣中瀰漫政治緊繃氣氛，社會上出現數以百計的恐怖份子和恐怖攻擊。」

這部電影在土耳其促成了色情片大爆發，而緊張的政治局勢則造成記者阿卜迪・伊佩克奇被恐怖份子阿里・阿賈暗殺，並並引發一九八〇年的軍事政變。後來在軍方掌權後，色情片的攝影就被勒令中止了。

「你支持色情片的第二個論點是什麼？」我問居內什醫生。

「性教育。年輕男孩沒人可以問，不知道怎麼跟女性在一起。這些在電影裡全都看得到。這部電影做到的，比現在那些帶著香蕉造訪村落的志工還要多。」

如何幫茄子戴上保險套

什麼香蕉？我在偏僻無比的小村子屈曲柯伊一座清真寺找到答案。

當時是七月底。乾癟矮小的伊瑪目穆斯塔法．艾爾圖克走進敏拜爾講壇。環繞在他周圍的男性以土耳其人特有的方式蹲坐，每個人都蓄了長長的鬍鬚。

伊瑪目開始講道：「阿拉為每一個新穆斯林的誕生而歡欣。聽到孩子的聲音令他喜悅。但是如果一個母親沒有錢，連一小匙優格都不能餵給她的孩子，那就不好了。」

眾男性面面相覷。這個他們知道啊——伊瑪目為什麼要提醒他們在鄉間經常斷炊的事？

伊瑪目也看著他們，一邊撫摸鬍鬚。他的村子沒幾個小孩營養充足。政府為了對抗土耳其東部人口過剩的問題，已經告訴他要鼓勵男性使用保險套。

「今天有些來自巴特曼市 Mavi 組織的好心男士來到我們村裡，」伊瑪目總結。「他們會教你們如何與太太上床但不會生小孩。」

志工艾泰金在清真寺外面等待眾男士。他們走向他，好奇地想知道更多。他讓他們圍著他坐下來後，拿出一根香蕉，接著一步步說明如何使用保險套。

「我知道這很原始，」事後他告訴我：「但是想要說動這些人，就必須吸引他們注意。我拿出一根香蕉給他們看，接著我說：『這是你的 patlican，你的茄子。』在鄉下地方，他們是這麼稱呼那話兒的。『裡面射出來的是小庫德族人。如果小庫德族人進了你老婆的肚子裡，你就要有孩子了。』」

「你這樣跟他們說？」

「拜託，他們在這方面完全沒人教過！如果我開始跟他們說卵子和精子，他們會拍一下額頭表示我瘋了。我必須使用圖像的語言。所以我把保險套戴到香蕉上，然後說：『用這個就可以抓住那些小庫德族人。』接著我用激將法：『但只有真正的男人會抓！』」

「他們會照做嗎？」

「最近有個生了十二個孩子的男人跟我說：『我會把這個發明推薦給我兒子用。』不過通常他們都嗤之以鼻，保險套在他們眼中太沒男子氣概了。我聽過他們說：『我是土耳其人，才不要戴那個東西。』」

如何跟土耳其女孩搭訕

賈希特是個實打實的伊斯坦堡情聖，他誇口自己每星期都要換兩個情人。如果不是要上班，他還會有更多情人。

賈希特只在名牌店買衣服。他穿著尖頭鞋、洗得很白的牛仔褲，還有一路開到腹腔的襯衫。他的脖子上掛了一條天主教的念珠——他覺得這是搭訕利器。

我們在著名藝術攝影師阿拉．古勒開的時尚咖啡館碰面。

「這裡有些很正又有質感的馬子。」賈希特向我說明，旋即把我拋到腦後。「工作了一整天腳不痛嗎？我很會按摩喲……」他對女服務生說。她一臉厭惡。儘管如此，她還是回來送上啤酒，賈希特硬要把電話號碼給人家，但是失敗了。「難啊。土耳其女孩有夠假惺惺，」他向我解釋：「超級喜怒無常。明明喜歡性愛，卻沒人願意承認。」

兩個高中女生在隔壁桌坐下。年紀大她們一倍的賈希特對她們眨眨眼，然後死死盯著她們看。女孩們離開了。

「她們只是假裝高不可攀，你得找到正確的那把鑰匙。對某個女生，你得等她自己吐露祕密；對另一個女生，你的語氣必須嚴厲得像個爸爸；換一個又要一派平靜，像個心理醫師。我有一套聊天公式。你問我是什麼嗎？我會一直談伊斯蘭教，說禁止婚前性行為太爛了、性有多美好。我們看似在談宗教，但是馬子會開始想到性。」

我們離開咖啡館。賈希特又試了最後一次，想把自己的電話號碼塞給女服務生。他想得美。

「你可能覺得我很令人厭煩。但在這裡基本規則是這樣的：厚顏無恥就對了。否則你會浪費整個晚上和幾百里拉。你一來就要跟她們說小祕密、馬上開始講話、馬上開始談性。在這裡，連貝克漢都無法得手的女性是全歐洲最多的。所以你要是不想一直當處男，說話就不能太委婉。」

過了一會兒，賈希特變得若有所思。

「但你知道嗎，要是結婚，我一定是跟自己的真愛。我會愛上她，花兩年等待她願意跟我上床。我會一直堅持，但她會一直說『不要』。我會揚言離開，但是連那樣她都不會妥協。我要成為她第一個也是最後一個男人。」

「可是賈希特……為什麼呢？」

「你不會懂的。你不是土耳其人。」

如何用尺測量……

古欣大姊在二〇〇六年以八十四歲之齡辭世。

她的死激發土耳其記者細細審視半世紀前和現在的土耳其道德風氣。「幾乎沒什麼改變，」一發行量最大的某家日報記者下了這樣的結論：「女性怕死了婚前性行為；丈夫會背叛妻子；父親害怕兒子變成同性戀；而每兩個男人就有一個焦慮地用尺測量陰莖，或在市集買威而鋼。如果什麼都沒有改變，那古欣大姊到底給了我們什麼？也許她沒有改變社會整體，但有數十萬人的生命確實因為她而改變。」

居內什醫生也是古欣大姊的大粉絲：「她是個女性大人物！她說最重要的不是性，是愛。」

問題是，古欣大姊獨身一人。

「我們需要重大的、全國範圍的性教育，」居內什醫生說：「土耳其每間學校都該有位古欣大姊。不是要鼓勵大家愛愛，而是要說明：愛最重要。身為歐洲國家，怎麼可以不為年輕人提供性教育？我們明知道他們都在做！」

我們啜飲著茶，靜默了一陣子。然後醫生半詢問半嘆息地說：「我猜想，波蘭大概領先我們一百年了吧？」

在亞拉拉特山腳下

1

「大家都討厭我們。」穆斯塔法喝著艾菲仕啤酒，鬍鬚都泡到裡面了，一邊掃視我們周圍的臉孔。他現在心情低落——也許他不該喝第三杯了。不幸的是，當一個土耳其人想騙過阿拉偷喝一點酒時，往往就會發生這種事。於是我理解地點點頭，和他一起環顧酒吧。

角落裡，一小群比利時人看起來很開心。他們剛爬完亞拉拉特山回來，花了將近四天，每個人都晒得紅通通的。現在他們忙著在道別前幫彼此拍照，度過歡樂時光。

另一個角落掛著一張當地地圖，地圖下方，有五名頭髮花白、穿著低襠寬褲的男性在共飲一瓶茴香酒。其中一人戴著一頂漂亮的毛球小帽。

「庫德族人。」穆斯塔法小聲說，雖然那實在是再明顯不過的事。庫德族有兩千五百萬人，但是他們沒有自己的國家，而這裡是他們占人口多數的地方。「他們最討厭的就是我們。你看他們在這裡都掛著什麼。」

如同我們在土耳其到處可見，吧檯後方掛著一幅阿塔圖克的肖像。這沒問題，但牆上同時掛著庫德族游擊勢力庫德工人黨的旗幟，那就很刺眼了。旗幟旁邊還掛著工人黨領袖阿布杜拉・歐加蘭的照片，他被關在土耳其監獄裡好幾年了。

「這不對！我要把他們的吧檯砸爛！」穆斯塔法突然冒起火來，講話有點大聲。坐在地圖下方的庫德族人抬起頭，期待地看著我們。穆斯塔法是這裡唯一的土耳其人，穿著寬垮長褲的那些男性，看起來可能口袋中就藏著刀子、手榴彈和AK-47步槍。如果穆斯塔法太過激動，我們就等著挨揍。最好的情況是我們臉上被劃幾刀；最壞的情況下，我們會躺在屍袋裡離開。這類事件之前便時有所聞。

2

這間酒吧幾乎就在山腳下，位於多烏巴亞澤鎮的郊區。

這裡實在不是尋釁滋事的好地方。土耳其、伊朗、亞美尼亞和亞塞拜然在此接壤。在這裡會遇到遊客、走私者、人口販運者、妓女，據說連間諜都有。庫德族游擊隊經常在亞拉拉特山的坡地上集結，從這裡發動反土耳其叛亂，因此鄰近城鎮都被軍隊哨點環繞，城市邊界處也有士兵站崗。

但在這裡也可能遇見四處挖掘、尋找挪亞方舟的瘋子。據說，大洪水之後，方舟就停泊在這一帶。站在吧檯後面的庫德族人正在講述一名日本男子被一群野狗咬死的故事。那名男子帶著軍事地圖、極為靈敏的金屬探測器還有一本日文《聖經》，並在有關大洪水的那一章做了標記。

「他下了車，走了大概十步，那群狗就一湧而上。其中一隻咬穿了他的動脈。」酒保說，接著又繼續倒酒。

3

「我說，維特多，波蘭人看得起土耳其人嗎？」穆斯塔法突然問我，於是我趁機讓他分心，不再去注意那些庫德族人、他們的旗幟和領袖。

我跟他描述在鄂圖曼土耳其帝國遭列強瓜分時，蘇丹總是殷殷垂詢列支斯坦的使節到了沒。* 我告訴他畢蘇斯基元帥對待阿塔圖克敬重而友善，我也提到博斯普魯斯海峽沿岸的波

* 列支斯坦（Lechistan）為鄂圖曼帝國對波蘭的稱呼。

蘭村。直到最近，那裡都以土耳其唯一的養豬場而著稱。簡而言之，親愛的穆斯塔法，波蘭人對土耳其人的敬重，沒有幾個國家比得上。

穆斯塔法很高興。他滿意地點點頭，說既然如此，我們應該為波蘭與土耳其友好舉杯。之後他要我跟他分享我的旅程。該說什麼呢？我拿到學位後收拾起背包，和同年畢業的女性朋友N一起啟程，搭便車從華沙前往耶路撒冷。我們橫越整個土耳其、敘利亞和約旦。在那之後又穿越半個以色列。一路上我們幾乎爭吵不斷，若能分道揚鑣，我們早就各走各的了，但我們已經走得太遠，也沒錢回家。現在我們以共生關係旅行：因為有N，要搭到便車容易多了；而因為有我，旅程還算安全。

穆斯塔法問我們難道搭不起火車或飛機嗎。我說我們搭不起，但最重要的是在這趟冒險中腎上腺素帶來的刺激，還有我們每天遇見的人，比如他。他開著他的大卡車，停下來載我們，把我們一路帶來這裡。現在我們一起坐在這裡喝啤酒，這感覺很好。我還能去哪裡認識大卡車司機？何況，關於土耳其，我透過像他這樣的人學到的，比在伊斯坦堡馬爾馬拉大學待兩學期學到的還多。

穆斯塔法表示了解的點點頭。

「這話沒錯。跟司機永遠會學到很多。沒有人像職業司機一樣有那麼多時間可以思考。

你知道我想到什麼嗎？」

我怎麼會知道？

「所有人都痛恨我們、輕賤我們。東方和西方都這樣。你知道為什麼嗎？」

我不知道。

「因為我們是最棒的。沒人比得上我們！」穆斯塔法說，然後再次為波－土友好舉杯。「你們也不錯，」他說，一邊點頭表示讚許：「德國人還行。還有英國人。但我們是最棒的。這就是為什麼那些阿亞圖拉痛恨我們。」*他朝大約是土耳其－伊朗邊界的方向比劃了一下。「他們怕我們、嫉妒我們。那些騙子也一樣。」這次他朝亞美尼亞的方向揮舞拳頭。「只有亞塞拜然人說他們愛我們。但其實他們也恨我們。因為亞塞拜然人算是一半的土耳其人，比較劣等的版本。」

我試著讓他平靜下來，但那就像要阻止一匹正準備邁步奔騰的馬一樣無望。

「至於阿拉伯人嗎？」穆斯塔法從鼻子裡噴氣，帶著優越感地說：「自從我們不再統治阿拉伯人，他們就從未停止過彼此征戰。要不是有石油，他們到現在還在騎駱駝好嗎。美國

* 阿亞圖拉為什葉派穆斯林的宗教領袖。

人呢？我們還是世界強權時做得比他們好多了。庫德族人？看到土耳其人他們就瑟瑟發抖。況且也沒有什麼庫德族人！沒有這樣一個民族！」

坐在地圖下方的男性僵住了，酒杯還拿在手裡。我覺得很想死。原本比利時人忙著互相展示數位相機上的山頂照片，現在連他們都注意到事態嚴重，停止了談話。還好，穆斯塔法也住嘴了。

庫德族人中比較年輕的一位站起來，望著我們的方向開口了，每個字彷彿都經過咀嚼般緩緩吐出。

「土耳其人都跟你有一樣的情結嗎？」他問，狠狠瞪了我們一會兒，然後終於坐下。

穆斯塔法有些心虛地環顧四周，他也察覺到在這裡尋釁並不明智。但過了一陣子，他傾身靠向我，很小聲地說，以防有人聽到：「我不是跟你說了嗎？他們怕我們。」

小鬍子共和國

在伊斯坦堡體育館中，群眾沸騰了。醫生不時抬著熱過頭的老人出來，沒有人送命真是奇蹟。

這天是二〇〇七年七月十五日，也是土耳其提前舉行的國會大選選前最後一個週末。城裡的居民從早上就開始等待，想盡可能靠近舞臺。舞臺上插滿了他的政黨旗幟，居民把他的照片貼在眉間、手裡拿著有他肖像的氣球、背上貼了貼紙，還戴了帽子、口哨與徽章——這些都是為了向最喜歡的政治人物表達支持而穿戴的全套小物。

終於，他現身了。土耳其總理雷傑普·塔伊普·艾爾段走上舞臺，愉快地向群眾揮手。人群朝他丟擲的花朵落在他腳邊。他才沒講兩句就被群眾的歡呼聲打斷。

在他上方，有著他臉孔的巨大布條在微風中飄動。布條上最引入注目的就是他被放大成一輛小汽車大小、修剪整齊的小鬍子。

艾爾段如何嚇壞了全世界

在土耳其，從鬍鬚就可以辨識政治人物。

民族主義者的鬍鬚最長，社會主義者的稍短一點，最短的屬於伊斯蘭主義者。

民族主義者的鬍鬚經過精心整理，沿著上唇修齊。鬍鬚兩端垂至下巴形成馬蹄形，延伸到臉部與頸部交接處。在土耳其，他們的政黨被稱為民族行動黨。* 一般而言，他們的選民夢想強大的土耳其、反對融入歐盟。假日時他們只會去土耳其的度假區，一邊咒罵那裡怎麼有那麼多外國人。

社會主義者習慣在鼻子下面留一小片細毛，一路延伸到他們的牙齒邊緣。如果沒有修剪，鬍子會不小心長到嘴巴裡。選民很喜歡他們。土耳其最大的社會主義政黨——共和人民黨正是由阿塔圖克親手創立。** 一般而言，共和人民黨的選民不上清真寺，會喝酒，有時會到西方度假、有時在土耳其度假。

然而，最精心整理鬍鬚的是伊斯蘭主義者。通常他們的鬍鬚會剛好覆蓋整個可見的區域，並會修剪成絕不超過五毫米的長度。

過去半世紀以來，伊斯蘭主義者在每次選舉中都敗選。土耳其人擔心他們會實行伊斯蘭教法，也就是以《古蘭經》為基礎的宗教法律，讓土耳其遠離歐洲、靠向伊朗。一般而言，正義與發展黨的選民應該蓄著長五毫米的小鬍子，他的太太則要戴頭巾。他應該討厭歐洲、遠離酒精，並贊成通姦應該處以鞭刑。

這就是為什麼當蓄著五毫米小鬍子的男人在土耳其的選舉中勝出時，全世界都嚇一大跳。這群人的領袖就是雷傑普・塔伊普・艾爾段。

艾爾段如何創造奇蹟

總理艾爾段善於製造奇蹟、化不可能為可能。他擁有一張經過簽名和封緘的特殊文憑作為佐證。其他證據還有很多。我們不妨來看看最近幾個例子。

二〇〇七年，在大選兩個月前，土耳其大城市的街道被反政府示威者癱瘓了。在安卡

* 民族行動黨（Milliyetçi Hareket Partisi，簡稱為ＭＨＰ），一九六九年由阿爾帕爾斯蘭・蒂爾凱什（Alparslan Türkeş）正式建立，為土耳其極右翼民族主義政權。

** 共和人民黨（Republican People's Party，簡稱為ＣＨＰ），一九二三年由土耳其共和國創始人穆斯塔法・凱末爾・阿塔圖克創建，為土耳其現存最古老的政黨，在現代土耳其建國時作為奠基政體的主要力量

拉、伊茲密爾和伊斯坦堡，群眾燒毀艾爾段人像，表達他們受夠了伊斯蘭派政府。他們一邊揮舞旗子一邊大喊：「打倒伊斯蘭教法！」旗子上寫著：「讓土耳其免於宗教。」

示威者不願見到留著五毫米鬍鬚的男性成為下一任總統。四月時，總理艾爾段宣布執政的正義與發展黨將推舉外交部長阿布杜拉・居爾擔任總統候選人。

在土耳其，總統由國會選出。由於ＡＫ黨占國會多數席次，居爾看似穩操勝券。然而野黨沒有出席投票，憲法法院因此裁定投票人數未達法定門檻，此次選舉無效。

ＡＫ黨決定修改憲法，讓總統透過普選選出。示威抗議也從這時開始。

一場兩百萬人參與的抗議活動足以動搖任何政治人物，尤其當陸軍參謀部同時對總理發布警訊，表示如果居爾不退出選舉，他們不敢保證會發生什麼事。這些警訊不容忽視，畢竟在過去一個世紀，土耳其軍隊發動的政變次數達四次之多。

於是，國會通過執政黨提案，將國會選舉提前至七月二十二日。

在野黨摩拳擦掌。大規模抗議助長了他們的聲勢，五毫米鬍鬚派似乎注定敗選。

儘管如此，當選舉來臨，伊斯蘭保守派竟透過一連串重大成功，再度取得勝利。這怎麼可能？一定是奇蹟！首先，艾爾段在不到一年內創立政黨並贏得大選，獨立組成政府；接著，艾爾段政府與歐盟針對成為會員國一事展開談判。這是土耳其半世紀以來從未達成的進展。這個政府一方面改善與鄰國的關係，一方面避開伊拉克戰爭的泥沼。這還不夠嗎？庫德族人與土耳其女性的命運有所改善，國內經濟也運轉順暢，只有像阿塔圖克追隨者一般的人，仍不肯相信那些蓄著小鬍子的人懷抱任何善意。

艾爾段如何使出重拳

一個小男孩雙臂伸直被懸空吊著，身體像一條線般被拉得長長的，發出痛苦的哀嚎。他的雙手被綁在天花板上，他父親對他怒目而視，說道：「看你還敢不敢講髒話？」

「從那時起我就再也沒有講過髒話了。」艾爾段回憶。他經常提起父親的嚴厲管教對他產生的重大影響。

他的童年在卡森帕沙度過，那是伊斯坦堡勞工階級居住的地區，以扒手和街頭幫派聞名。他的父親從黑海海岸來這裡追求更好的生活，但他們生活在貧困之中。小艾爾段與他同時代許多人一樣，放學後靠著賣芝麻圈麵包和檸檬汁賺外快。

卡森帕沙的男人性格衝動，而且驕傲得要命，非常容易被激怒。在那裡，艾爾段學會了每當被什麼事惹怒，就用拳頭捶桌子。

他的兒時友人阿里．里扎．西夫里特佩對土耳其媒體回憶起總理：「他連放風箏和玩球都一定要是最厲害的。他的風箏一定要飛得最高，如果輸了，他的情緒馬上就會變得很惡劣。」

西夫里特佩還說，艾爾段從來沒加入過幫派。

「但他知道如何揮出一記重拳。」哈桑．厄茲拉姆大笑著說。他和艾爾段在同一個大院子裡長大，我和他在卡森帕沙的舊清真寺附近一起喝茶聊聊。「他隨時都在想著這件事——反手就朝你的嘴巴揮一拳，像這樣！」厄茲拉姆朝自己揮拳，示範未來的總理以前是怎麼攻擊他的。只要兩記快拳，就足以讓年紀比較大的厄茲拉姆應聲倒地。「他總是先出手，」厄茲拉姆強調：「他從來不會停下來花一秒想一下。這一點都沒有變！」

從小艾爾段在當地放風箏的年代以來，卡森帕沙就沒有什麼改變。男人坐在他們專屬的茶館一邊喝茶一邊玩 tavla，那是土耳其人最愛的桌遊，其實就是雙陸棋。而穿戴頭巾和寬大哈倫褲的女人在洗衣服。

「艾爾段？我們很愛他！他是我們的天使！」他們說。

「他從來不會自以為了不起。即使擔任伊斯坦堡市長時，也還是在我這裡剪頭髮。」理髮師阿里驕傲地說。

「他都在我的店裡買果仁蜜餅。」小糕餅店老闆說。

「他在購物時會幫太太提袋子。」烘焙師傅的太太說。

「他是總理，我誰也不是。」厄茲拉姆補充。「他大可以不理我。但是他會指著像我這樣的人說：『我跟他們是一樣的。我跟哈桑是老朋友！』」

「這就是他成功的祕密。」《自由報》記者穆斯塔法．阿克尤說，他專門報導伊斯蘭信仰與其對政治的影響，私下則是一位虔誠的穆斯林。「普通的土耳其人看到艾爾段會說：『他過的生活跟我一樣！家庭對他而言是最重要的。他愛他的國家，也尊重傳統。我要投給他！』」

艾爾段如何讓神聖的男子吃了一驚

從前有四名蓄小鬍子的男子。

最虔誠的一位名叫比倫特．阿林奇，在ＡＫ黨的草根選民間支持度最高。他先當上了土耳其國會議長，後來成為副總理。他著名的事蹟，是曾帶著上面有一雙性感長腿的褲襪廣告看板出席記者會，展示「在土耳其應該被禁止的影像」。後來禁令一事無疾而終，倒是褲襪品牌受惠於免費廣告。

居爾屬於高知識分子類型。他在西方受教育，喜歡使用別人不熟悉的用語。他先當上總理，後來成為外交部長。當AK黨再次贏得國會選舉後，艾爾段終於讓他如願獲選為總統。傑姆·特內克齊勒爾自始就是四人中最神祕的一位。他很快就退出政黨生活，今天沒有人知道他在做什麼。

艾爾段不是其中最聰明或最虔誠的人，但他擁有高超的組織能力和個人魅力，這是其他三位所欠缺的。

二〇〇一年，四人共同創辦了正義與發展黨，黨徽是一個發光的黃色燈泡，用意在將該黨與無望、腐敗而背離初衷的幾個建制派政黨區分開來。

然而，若沒有來自黑海沿岸有如聖人的內齊梅廷·埃爾巴坎，這些留著小鬍子的男子與伊斯蘭派政府根本不會存在。這幾名男子在埃爾巴坎所屬的福利黨相遇。* 埃爾巴坎是一名卓越的工程師與發明家，「我在專業領域內可以走出一條路，但是阿拉要我從政。」在某次訪談中他如此說明。

他的夥伴稱他為hodja，也就是聖人、大師。他們夢想土耳其會因為他而回歸到伊斯蘭信仰的本源，在信仰被邊緣化的八十年後，夢魘終將結束。

一九九〇年代，福利黨的支持度逐漸升高，這主要是靠窮人。福利黨會發放糧食包與煤炭給他們，也會協助他們找工作。

在那段時期，艾爾段也視 hodja 為聖人。他在伊斯坦堡公共運輸公司上班，是一名死硬派的穆斯林。他不與女性握手，對賣酒的商店嚴詞譴責，鄙夷地稱歐盟為「基督徒俱樂部」。他重複大師所說的話：「我們將盡快從名為民主的電車下車。」但那時的他沒有打算在政壇大展身手。

直到有一天他的老闆嚴詞斥責他，叫他剃掉他那五毫米的伊斯蘭派小鬍子。

「在一個世俗國家，一名公僕臉上不宜有那樣的東西。」老闆說。

「我寧死也不會剃掉。」艾爾段回覆他，隨即辭去工作。

那次羞辱是他人生中真正的分水嶺。從那一刻起，他以極快速度建立政治生涯。hodja 將他視為自己最出色的學生，而艾爾段回報的方式，是贏得土耳其最富裕城市伊斯坦堡的市長選舉。為了獲勝，他在迪斯可舞廳和妓院從事競選活動。為了滿足政治需求，他甚至學會

* 福利黨（Refah Partisi），一九八三年由內齊梅廷・埃爾巴坎（Necmettin Erbakan）創立，為一九八〇年代在土耳其興起的重要伊斯蘭主義政黨，主張在民主體制下恢復伊斯蘭道德價值與社會正義。

主動與女性握手，雖然伊斯蘭信仰禁止這麼做，這名未來的總理只能在事後祈求原諒。

當他勝選時，hodja 流下開心的眼淚。

但是，新上任的市長與其他蓄小鬍子的男性覺得，埃爾巴坎的政治願景愈來愈不吸引人。他們認為該是改弦易轍的時候了。他們把圍繞在 hodja 身邊的逢迎者稱為政治局，稱自己為改革者。福利黨中只有艾爾段刻意高調，不再於見面時親吻埃爾巴坎的手（在土耳其，親吻某人的手，再以那隻手輕觸額頭是對長輩表示尊敬的方式）。

一九九六年，埃爾巴坎獲選為聯合政府總理。短短幾個月內，土耳其與西方的交往完全中斷。他熱切地前往阿拉伯國家巡迴訪問，承諾建立一路從摩洛哥到哈薩克的伊斯蘭聯盟，並誓言要解放耶路撒冷。當格達費因為土耳其不夠伊斯蘭化而公開指責他時，他謙恭地領受指教。然而，hodja 在某次出訪埃及時太過躁進，表示將在土耳其施行伊斯蘭教法。從那時起，土耳其人就開始倒數他的內閣還有多久會垮臺。

一九九七年，土耳其軍隊在戰後第四度介入內政事務。那是第四次，也是最快的一次。坦克車開進安卡拉的街道，一名將領打電話給埃爾巴坎，建議他最好辭職，於是埃爾巴坎一聲不吭地交出權力。大多數土耳其人連發生大事了都不知道。

這次政變是艾爾段生涯中的關鍵時刻。他的一位朋友對我描述了那段日子：「他最討厭輸。他了解到，為了伊斯蘭教法和伊斯蘭國家而戰將讓他注定失敗。他意識到自己必須讓步，那是他巨大轉變的開端。」

軍隊介入後，hodja 被禁止參與政治五年，福利黨也失去合法地位。「政治局」那群人旋即組成美德黨，* 但是法院也剝奪了這個政黨的合法性。幾個月後，hodja 創立幸福黨，但那時艾爾段已經不在他身邊了。他與其他的小鬍子男人一起出走，創立了正義與發展黨，也就是ＡＫ黨。

「叛徒，」埃爾巴坎說：「他們什麼也不是。我們在選舉中將橫掃他們。」

一年後，ＡＫ黨贏得國會選舉，組成單獨政府。hodja 政黨的得票數則未通過百分之十的門檻。

---

* 對伊斯蘭派和庫德族人而言，創立新政黨是家常便飯。土耳其法院經常將他們成立的政黨宣告為不合法，因此他們常創立新政黨。如果在當時處於領先地位的政黨被法院宣告為不合法，該黨成員很快就會轉換到另一個政黨。

艾爾段如何坐了牢

牢房的門哐啷一聲關上——這是艾爾段很久以後都忘不了的聲音。「那是在一九九九年。是我生命的轉捩點，」後來他告訴《紐約時報》的記者：「坐牢會讓一個男人很快長大。」

他怎麼會走到這一步？原來，他在太太家鄉錫爾特的一場集會上，把某位鄂圖曼詩人的詩句換句話說：「清真寺是我們的軍營，穹頂是我們的頭盔，宣禮塔是我們的刺刀，信徒是我們的士兵。」這段話讓他被告上法院，被判處十個月有期徒刑，罪名是煽動宗教戰爭。他服了四個月的刑期。

一名土耳其智庫的首席政治分析師指出：「有士兵的地方就有戰爭，如果有戰爭，對抗的是誰？那就是土耳其政府！艾爾段是在告訴他的選民，他們正在跟土耳其打仗。那就是當時他的想法，這無可否認。」

而面對媒體，艾爾段如此解釋那段讓他倒大楣的話：「那首詩來自學校課本，是經過教育部核准的，我只是改了幾個字。我想抓住群眾的注意力，讓他們充滿靈性。」

「一派胡言。」馬爾馬拉大學教授梅廷．卡亞說。「那時的他還會說真話。他痛恨共和國、民主與自由。他被關起來是好事。可惜時間太短。」

艾爾段的好友、商人朱內伊德．札普蘇解釋那次的判決：「他被關是因為執政黨與軍方深知他的力量。那跟宗教無關，官方是要防止體制外的人獲得太大影響力。」

一九九九年，數千名支持者陪同艾爾段一起前往監獄。他獲釋時也有數千人在外等候。記者阿克尤指出：「他出獄時整個人都變了。我以為那是他政治生涯的終點，但那才是開始。他在獄中了解到鼓吹戰爭會讓他在政治上一事無成。他在獄中成了民主派。」

「一派胡言，」卡亞教授說：「如果今天他假裝自己是民主派，那純粹是為了避免再次入獄。一切都是塔基亞（takkiye），伊斯蘭古老的欺瞞與詐術之道。一個穆斯林為了他的家庭和信仰可以盡情說謊，顯然連《古蘭經》都容許他這麼做。艾爾段說謊是為了在土耳其實行伊斯蘭教法。」

艾爾段如何將土耳其歐洲化

當ＡＫ黨在二〇〇二年首度贏得大選時，卡亞教授駭異莫名。當艾爾段的特色小鬍子出現在全世界新聞社的頭版時，記者問：「這是土耳其民主制度的終結嗎？」

艾爾段充滿耐心地向所有人解釋，不是這樣的。

「我和以前不同了，」他說：「我知道如何將我的私人與公眾生活分開。私領域中，我的個人身分當然是穆斯林，但我的政黨是世俗派政黨，秉持自由派議程，是土耳其式的基督教民主主義。」

在這個思路下，身為總理的艾爾段如今能不帶罪惡感地與女性握手。但私底下他絕不會與任何女性握手，除非是他太太。

坐過牢的艾爾段不能領導政府，因此由知識分子型的居爾出任總理。但艾爾段才是在王座背後掌握實權的人。儘管他沒有任何官方職務，但在大選後不久，就獲得小布希總統邀請前往白宮。

「我們都相信天命，所以我們會是絕佳的夥伴。」小布希說。

小布希錯了，大錯特錯。

幾個月後，在反對黨與部分執政黨成員投票否決下，土耳其國會拒絕讓美國使用他們的軍事基地，對伊拉克發動攻擊。這是數十年來第一次土耳其對美國說不。美國人震驚不已。

不久之後，ＡＫ黨修法，讓艾爾段得以領導政府。幾乎從一開始，他就讓所有人跌破眼鏡。艾爾段啟動了土耳其有史以來最親歐的政策。他邀請一連串歐盟政治人物前來安卡拉，為了加入歐盟而奮戰。某位政治評論者指出：「從我個人角度而言，我無法了解他為何能這麼熱衷此事。這種矛盾只可能發生在土耳其：一個死硬派的穆斯林竟把他的國家朝『基督徒俱樂部』推近。」

新聞記者、也是艾爾段好友的費赫米．科魯指出：「他看到穆斯林在歐洲比在土耳其自由得多，因此他想讓我們也擁有那些權利。」

艾爾段指派的首席談判代表是一名前地毯推銷員。

新上任的首席談判代表自誇地說：「我們家族與德國人、法國人和英國人已經討價還價三百年了。相信我，我知道該怎麼做！」

政治專家穆拉特．厄德姆里指出：「艾爾段認為與歐盟的談判是一場商業交易。」

他著手改革，准許庫德族人使用自己的語言，並設立學校。在不久以前，用庫德語交談仍得坐牢，連在市集使用庫德語都是如此。

針對過去三十年來賽普勒斯被土軍占領的議題，他核准所謂的安南計畫，違背了島上親土耳其政權的意願。根據這個計畫，賽普勒斯在統一後可以加入歐盟。然而，在希臘裔賽普勒斯人反對下，艾爾段未能解決兩方爭端。

他也針對二十世紀初的亞美尼亞人大屠殺召開第一場公開會議，讓認定這些事件為種族滅絕的歷史學者有機會發言。然而，大約在同時，作家奧罕．帕慕克卻在伊斯坦堡的法院出庭，因為他在一次訪談中提到土耳其「對數以千計亞美尼亞人的屠殺」。

「這反映出伊斯蘭派與凱末爾派之間的差異。」一名土耳其記者不具名指出。「後者把凱末爾．阿塔圖克醃製起來，保存在一個罐子裡，再試圖讓所有政治運動都符合他的主張。那有點像降靈會，也就是讓土耳其國父說過的話，能切合屬於網路與手機的時代。如果阿塔圖克從沒提到亞美尼亞人大屠殺，那就沒有發生過。這就是為什麼帕慕克最後被告上法院。那艾爾段又怎麼說？他看得出來這個議題在過去八十年來持續傷害土耳其，因此嘗試有所作為。」

二〇〇九年，艾爾段派居爾總統到亞美尼亞首都葉里溫，出席一場土耳其對上亞美尼亞的足球賽。同年八月，兩國簽署建立外交關係的協議。雖然從那時以來，安卡拉與葉里溫之間的關係依然停滯不前，但艾爾段確實成功改善與所有鄰國的關係。有一段時間，他成為唯一能和敘利亞與伊朗總統對話，另一方面又能與美國和以色列總統對話的政治人物。（不過，土耳其與以色列的關係後來急速降溫，因為二〇一〇年五月，九名土耳其人在運送人道救援物資到加薩走廊的船隻上，死於登船檢查的以色列海軍突擊隊手下。）

然而，儘管艾爾段進行多項改革，許多歐盟國家仍公然表示他們永遠不會同意土耳其加入共同體。對此，艾爾段以威脅回應，揚言若土耳其加入歐盟被拒絕，可能會與俄羅斯或伊斯蘭主義的鄰國結盟。與此同時，他試圖對歐洲證明在土耳其人眼中再明顯不過的事：土耳其是歐洲的一部分。

在一場國際會議上，艾爾段提醒歐洲人：「十九世紀我們面臨重大困難時，他們稱我們為『歐洲病夫』，但沒人提到『亞洲病夫』！」

在另一個場合，他又嘗試說服他們：「杭亭頓教授說的文明衝突是錯誤的。土耳其就是活生生的例子，證明了伊斯蘭與民主制度可以和解共生。只是你們必須幫助我們！」

他的部會首長另外補充，土耳其加入歐盟，將代表全歐洲都享有安全。而從經濟條件來看，土耳其也沒有看起來的那麼落後。或許土耳其與德國相距很遠，但並不輸給新加入的保加利亞太多。

不過馬爾馬拉大學的卡亞教授很清楚：「那也是塔基亞，純粹是障眼法。為什麼你要笑？艾爾段當上總理前，支持土耳其加入歐盟的比例高達百分之八十，現在大約是百分之四十。你知道為什麼嗎？」

「為什麼？」

「艾爾段知道歐盟不要我們。他愈是對布魯塞爾施壓，布魯塞爾就愈明白展現出這一點。但土耳其人是有自尊心的。『你們不要我們是嗎？那好，我們就轉身背對，不敲你們的門了。』但如果背對歐洲，我們將面向誰？」

「伊朗……」

「一點也沒錯。這樣的話，我們跟歐洲就都有大麻煩了。那些土耳其與歐盟的談判，將會直接導向伊斯蘭教法的施行。」

「世俗派現在已經完全失去方向了，」《自由報》的阿克尤說：「當今之日，如果你支持土耳其加入歐盟，就表示你是伊斯蘭主義者。現在最熱烈支持土耳其加入歐盟的群體不是我們國家的菁英，而是戴頭巾的女性和蓄小鬍子的男性。」

阿塔圖克如何影響艾爾段

總理艾爾段的首要敵人就是凱末爾派。他們守護著阿塔圖克的遺產，並和任何與之相悖的事物對抗。

首先，他們拒絕接受伊斯蘭派政黨的存在。如今，AK黨在政治議程中絕口不提伊斯蘭，但凱末爾派又因為總理的太太戴頭巾這件事不滿。

「凱末爾派的意識形態在這八十年來都沒有改變，」阿克尤說：「世界改變了，伊斯蘭改變了，但凱末爾派原地不動。」

「胡說八道！」卡亞教授說：「土耳其可能成為第二個伊朗，這種威脅依然無比真實。這就是為什麼軍方要保衛我們的體制。」

阿克尤表示：「在土耳其，軍人掌權被稱為民主。極端的世俗主義遠比土耳其的伊斯蘭主義者更危險。」

「為什麼？」

「因為在土耳其，如果你信仰虔誠，你就不可能擁有成功的事業。不可能！艾爾段在自己身上下了很多功夫。他了解民主也接受民主。對於這點，凱末爾派卻會說：『但他有個穆斯林的小鬍子！』」

「你相信他的改變嗎？」

「這很土耳其。完美體現了我們在宗教和現代國家之間的拉扯。」

艾爾段如何為頭巾奮戰

一九七八年，艾爾段在穆斯林青年的一場聚會中致詞。當時的他是伊斯蘭青年政黨「救國黨」的領導者。

他在致辭時注意到有一雙眼睛直盯著他。他趁著休息時間找到了那雙眼睛。眼睛的主人是二十三歲的阿拉伯裔女孩艾米內。他們聊了起來，但她幾乎講不出一句完整的句子。她覺得這個有鬍鬚的年輕小伙子就是她的夢中情人。

她的夢想成真了。短短六個月之後，艾米內和艾爾段就訂婚了。從那一刻起直到現在，艾米內女士都是幕後的推手。

「她不參與公共生活，但她非常善於管理她的丈夫，」一名土耳其記者指出：「她不會把自己局限在廚房裡，反正她據說也不擅於廚藝。但她很擅長在艾爾段違逆她的意思時痛罵他一頓。」

在她罕見的一次訪談中，艾米內．艾爾段說土耳其人應該感到羞恥。為什麼？因為在國會中代表他們的女性太少了。ＡＫ黨推出的女性國會候選人是土耳其政黨中最多的，這一點主要可歸功於她。

儘管如此，土耳其人依然認為她落伍——因為她和其他所有小鬍子男人的太太一樣也戴頭巾。艾爾段把女兒送去美國讀大學。

「在那裡她們可以戴著頭巾到處活動。」他解釋道。

頭巾是艾爾段與凱末爾主義者交鋒的戰線之一。在土耳其，各級學校與大學都禁止戴頭巾。艾爾段主張這項禁令違反民主，也剝奪了窮苦人家女孩就學的機會，因為這些女孩通常有虔誠的信仰。

「我有個朋友在伊斯坦堡讀書，門房問她是不是來打掃的。」阿克尤說。「一個戴頭巾的女性可能是女僕或工友的太太。要說她是學生嗎？這是不可想像的。就連在洗衣粉廣告裡，讓洗衣機累積水垢或使用『普通洗衣粉』的笨蛋，也總是戴頭巾的女性。而告訴她必須用卡爾岡或奧妙牌洗衣粉才對的，總是沒戴頭巾的現代女性。」

艾爾段與凱末爾派交鋒的另一條戰線，是被稱為伊瑪目．哈蒂普的宗教學校。這些學校也有一般高中的課程，只是有更多針對伊斯蘭信仰的學習。

「這些學校的畢業生要取得高等教育的機會非常困難。這不公平。」艾爾段說。凱末爾派的回應，是這些學校否認演化論，並提倡男性地位優於女性，AK黨只是想為自己訓練信奉伊斯蘭主義的青年黨工。

然而，針對艾爾段最堅實的反證是他曾經嘗試修改刑法，試圖使通姦入罪，刑罰是坐牢或罰鍰。他在歐盟的施壓下才撤回提案。

艾爾段的朋友如何改變他的想法

為了更了解艾爾段對抗凱末爾派的戰爭，我與親伊斯蘭派的《新曙光報》記者費赫米．科魯碰面。身形矮壯的科魯是當今土耳其的重要人士，他比他任職的整間報社都還重要。為什麼？因為總理艾爾段很看重他的意見。他們是多年老友，科魯對艾爾段有很大的影響力。

「只要跟科魯聊聊，你不只會聽懂艾爾段今天在說什麼，連他一年、兩年、甚至五年以後會說什麼都知道。」一群土耳其記者笑著告訴我。

科魯不喜歡浪費時間，所以我直接切入重點：「艾爾段總理有什麼祕密目標嗎？他想施行伊斯蘭律法嗎？」

科魯微笑說：「以他的能力，如果有那個意思他早就做了。沒錯，他以前是伊斯蘭主義者。但他已經改變。我會改變，你也會改變。只有傻子才永遠不改變看法。他曾經非常激進，但生命已經教會他那樣行不通。」

「為什麼土耳其人民不相信他的改變？」

「多數人都相信。這就是為什麼AK黨支持度那麼高，大約占了百分之四十。那些聲稱不相信他的人其實在玩政治遊戲。在今天，用伊斯蘭主義者威脅土耳其人已經失去正當性。

ＡＫ黨是個正常的民主政黨。」
「既然如此，ＡＫ黨為什麼非要推行在大學裡戴頭巾？」
「因為禁戴頭巾和民主沒有關係。人民應該有宗教表現的自由。」
「懲罰通姦的刑罰又怎麼說？」
「那是政治博弈的一部分。艾爾段最強硬的選民是穆斯林，是保守派。他偶爾得做些符合他們想法的事情。」

艾爾段就是用這種方式讓火與水和解共生。在整個歐洲，他被視為有能力的改革者，也大力支持土耳其加入歐盟。伊斯蘭國家則日益視艾爾段為他們在西方的代言人與調解者。原本，土耳其甚至要針對敘利亞與以色列建交的原則居中協調，然而在談判得以展開前，安卡拉與特拉維夫之間向來良好的關係愈趨惡劣，原因就是前面提到的事件：載運援助物資到加薩走廊的土耳其船隊，以及死於以色列海軍突擊隊槍下的九名土耳其人。

「當艾爾段同意那支船隊啟航時，他是在扮演穆斯林國家的領袖。」卡亞教授說。「但是我們應該跟西方站在一起！」

「他是為了加薩人民挺身而出，因為他確實深切關心他們的命運。」記者阿克尤說：「這絕對不表示必須與西方決裂。歐巴馬總統訪問土耳其時曾說，我們是伊斯蘭國家應該如何與基督教國家建立關係的典範。」

艾爾段的好運氣

有人說，艾爾段是命運的寵兒。

前面提到的那名政治分析師指出：「他一定有直通阿拉的專線。也許那是因為他有創造奇蹟的文憑？」

「什麼文憑？」

「艾爾段高中讀的是宗教學校。在土耳其，大家都說有這些學校的文憑，代表你會施行奇蹟。因為呢，理論上這些學校只教授祈禱文與神學，從那裡畢業的人想找到工作只能靠奇蹟。但這不是事實——這些學校的標準大部分都很高。不過，艾爾段確實給人一種印象，像是他知道怎麼與天上那位溝通。」

「你可以舉個例子嗎？」

「在他當上市長以前，伊斯坦堡經歷了一年半的嚴重乾旱。許多人死了、許多樹也枯萎了。但當艾爾段成為市長時，雨水跟雲氣開始聚集，隔天天空就下起滂沱大雨。」

「但你不能把一切都怪罪給阿拉，」阿克尤說：「艾爾段建立了土耳其最有組織的政黨，ＡＫ黨幾乎在每條街上都有服務處。民眾可以到那邊來杯咖啡或喝杯水，順便聊聊他們的問題。」

艾爾段如何脫下外套

ＡＫ黨在伊斯坦堡的造勢活動是整個競選中最重要的一場。數萬人聚集在宰廷布爾努區的體育館，選擇在這個場所造勢並非偶然。從那裡，可以看見六世紀前征服者穆罕默德攻破的石牆。破牆以後，穆罕默德攻陷了君士坦丁堡，在一四五三年以勝利者之姿入城。如今這些相同的城牆正被總理艾爾段猛攻，他要再次在伊斯坦堡的選舉中贏得勝利。

任何一位西方領袖都會對那場造勢活動感到驕傲。ＡＫ黨展現出極為現代的面貌：在上臺的女性中，只有政黨領袖的太太穿戴頭巾。該黨大約十二名女性國會候選人都沒有遮蓋頭部。

當艾爾段與居爾現身時，他穿著淺藍色襯衫、沒有穿西裝外套，看來一派輕鬆。他們的語調平靜，偶爾才提高聲量，經常重複民主、繁榮與發展這幾個詞彙。

在四小時的集會中，沒有一次有任何人提到「伊斯蘭」，沒有一次有任何人提到《古蘭經》或「伊斯蘭教法」。

但出席造勢活動的觀眾主要是一群蓄了小鬍子的男性。他們修剪整齊的短鬚長度鮮少超過五毫米。

阿塔圖克夫人

1

他跟我們一起在餐廳。他跟我們一起在每一間辦公場所。他永遠從我們的皮夾裡、他的肖像和報紙頭版嚴厲地看著我們。我們在電影院排隊時，他與我們一起在寒風中受凍，也與我們一起在澡堂中流汗。連廁所清潔員在她的小隔間都有一張他的照片。

「如果哪天你發現已經整整十五分鐘都沒看到一張阿塔圖克的肖像，那就快跑！」在伊斯坦堡教德語的巴斯提安說：「這表示你已經不在土耳其了。你一定是不小心過了邊界。」

他說得沒錯。

從上中學的第一年起，土耳其小孩就要寫詩和表演向他致敬。等到他們長大，又會對每個外國人進行一個簡單的測試：「你對阿塔圖克有什麼想法？」

如果未能通過測試，你可能會失去所有新舊朋友。而通過測試的唯一方法就是這樣回答：「我認為他是一名傑出的政治家。土耳其非常幸運，曾經被這樣的人掌管。」

其他任何答案都會讓你馬上出局。阿塔圖克已經成為神祇，而且是一神信仰的神祇。許多土耳其人真心相信他在天上看顧他們的國家。不僅如此，他們會前往土耳其東北部的阿達汗鎮，進行一種奇特的阿塔圖克儀式，也就是凝視一座山脈。那座山脈投下的陰影，看起來就像這名偉大領袖的輪廓。目睹影子那一刻，這些人會一下子跳舞、一下子大笑、一會兒又哭泣，接著展開一場盛宴。

奇怪的是，同一群人卻視伊斯蘭信仰為無知與迷信。

2

當拉蒂菲・烏薩基在距離伊斯坦堡塔克西姆廣場不遠處的小屋中死去時，報紙幾乎沒有報導。那是一九七五年，只有她最親近的朋友還記得她。

他們將她葬在小小的特斯維克伊清真寺附近。那不是一場國葬，但悼念者為棺木蓋上了土耳其的紅白色國旗。她是土耳其現代史上最傑出的女性之一，她的死去，永遠封緘了她的沉默。

她的故事始於二十世紀初期。少女時期的拉蒂菲完全不符合當時的常規。她的父親穆哈梅爾·貝伊是一名棉花大王，也是伊茲密爾最富有的居民之一。他是城裡第一個買車的人，也讓小孩到西方受教育。拉蒂菲在二十來歲時就已在巴黎和倫敦取得學位，並精通五國語言。

第一次世界大戰後，列強把土耳其像烤肉串一樣瓜分，伊茲密爾由希臘人占領。貝伊帶著一家人逃到瑞士。然而拉蒂菲為了照顧重病的祖母而回到伊茲密爾。她不斷從當地人口中聽到一個名字：穆斯塔法·凱末爾。

不久後，由未來的阿塔圖克指揮的軍隊，從希臘人手中奪回伊茲密爾。拉蒂菲做了一件沒有其他女性敢做的事。她毫無顧忌地前去見他，說他應該來住在她家的房子。

阿塔圖克一秒也沒有遲疑。他對拉蒂菲留下深刻印象：當他著手改革土耳其時，身邊正需要像她這樣自信、獨立且受過教育的女性。

四個月後，拉蒂菲成為阿塔圖克夫人。

3

不過，在幾年前，拉蒂菲在土耳其還是一個魅影般的存在。歷史學家筆下的她善變而令人難以忍受，會對人丟鞋子、辱罵朋友，性格十分歇斯底里。更甚者，據說她就像博斯普魯斯海峽的暴風雨之夜一樣醜陋。而且她長了很多毛。

阿塔圖克怎麼會娶這麼一個可憎的女子為妻？即使是將他神格化的傳記作者都無法解釋。不過有一個史實是，他們的結婚典禮極為現代。當時，一名女性的所有法律事務仍由父親說了算；如果父親不在，就由她的兄弟或男性表親代替。而拉蒂菲是史上第一個自行簽署所有文件的土耳其女性，那預示了未來的發展。

他們的婚姻只維持了兩年半。在離婚後，阿塔圖克終身沒再婚，也一直沒有小孩。

4

二〇〇五年，土耳其記者伊佩克．查勒什拉爾出版了《拉蒂菲夫人》一書。這位「土耳其國父」的年輕妻子帶著大膽無畏的表情，從封面上凝視我們。她騎在馬背上，那姿態擺明了全世界都在她腳下。

拉蒂菲卸下阿塔圖克之妻的身分以後，一扇厚重的門在她身後關上。查勒什拉爾花了許多年才稍微推開一條門縫，那絕非易事。在接受採訪談論這本著作時，查勒什拉爾抱怨自己連一半的目標都沒有達到。多數人拒絕受訪，土耳其國母的信件和日記則躺在一個銀行保險箱，記者與歷史學家都不得其門而入。

儘管如此，這本書還是在土耳其引發廣大迴響。

「我自己都很驚訝。」我們在博斯普魯斯海峽邊的一間咖啡館碰面時，查勒什拉爾笑著說。「這本書賣了十萬多本。多虧了它，八十年後的今天，大家才知道拉蒂菲夫人對土耳其女性的命運影響深遠。女性在一九三〇年代已經可以投票並參與國會選舉要歸功於她。是她說服她偉大的丈夫要做就做徹底，賦予我們那些權利。」

「據說她容易歇斯底里？」

「拉蒂菲想要一個正常有愛的家庭。但阿塔圖克每天晚上都跟軍中的朋友一起喝酒打牌。白天時他教導土耳其人如何過著現代生活；到了晚上，他的行為卻和典型的土耳其一家之主沒有兩樣。為此她很不開心，而她不是會隱藏情緒的人。我想她一定經常憤怒地大吼。但要說她歇斯底里嗎？沒有證據顯示如此。」

5

查勒什拉爾為這本書付出的代價，幾乎跟所有書寫禁忌題材的土耳其作家一樣。她被指控汙辱了阿塔圖克，而被告上法庭。

指控她的人是一名讀者，他不滿意查勒什拉爾在書中引用的一則軼事。

「我描述阿塔圖克穿著跟拉蒂菲借來的女性服裝逃離了希臘士兵。為什麼有人會覺得這冒犯了他們？」查勒什拉爾說。

在土耳其，汙辱阿塔圖克是一項嚴重的罪行。兩名戴頭巾的少女努拉伊．貝齊爾甘和凱夫瑟爾．查克爾對此有所體驗。她們在電視上向全國觀眾坦誠她們不愛阿塔圖克。

「我可以不愛他嗎？」貝齊爾甘首先想確認這一點。「如果可以，那麼，不，我不愛他。」她說。

記者問她怎麼可以不愛把英國人逐出土耳其的男子。

「如果現在是英國人在這裡，我擁有的權利會比較多。」貝齊爾甘反駁。「就我個人而言，我對阿亞圖拉．何梅尼還比對阿塔圖克有親近感。」她再補上，就此引發一場風暴。一天後，所有大報都以頭版報導她，而因為她汙辱國父，檢察官自動開啟了起訴她的程序。這個案子受到媒體廣泛討論，最後以無罪結案，查勒什拉爾的案子也一樣。土耳其分析者都認為這些無罪判決，證明了土耳其正在發生重大改變。

6

拉蒂菲夫人深愛著阿塔圖克。

「也許太愛了，」查勒什拉爾若有所思地說：「她三度警告她想離開。但在我看來，那更像是想引起他注意，要他知道他們的婚姻出問題了。我從她朋友的描述得知，當他們真的走上離婚一途時，她受了很大的苦。」

雖然阿塔圖克與拉蒂菲結婚的方式很現代，離婚的方式卻再傳統不過。拉蒂菲沒有收到離婚信函，而是有政府戳印的一紙命令。

離婚以後，阿塔圖克與前阿塔圖克夫人只再見過一次面。她和朋友在野餐，他在博斯普魯斯海峽上駕遊艇。

「他們一句話也沒說，」查勒什拉爾說：「但那次會面深深影響了拉蒂菲的情緒。」

她在餘生中始終獨居，只與一小圈密友往來。她從未與任何人談論阿塔圖克，但一直到死前還是會特別繞路，只為了經過他的雕像。

黑色女孩

競選辦公室位於伊斯坦堡主要的休閒與娛樂區——塔克西姆。辦公室裡瀰漫著百無聊賴的氣氛。記者都趕去報導最新的聳動新聞，只留下貼在牆上的新聞報導，「我一天睡了七十六個男人」、「我墮過四次胎」、「我當了半輩子的妓女」，諸如此類的新聞標題。

「這對他們來說還不夠。」曾經是性工作者、現在是土耳其國會候選人的薩莉哈·艾爾梅茲抱怨道。

「他們聽到的是『我墮過四次胎』，但在他們眼中看到的是『為什麼只有四次？為什麼不是八次？』」艾榭·圖克呂克楚又補了一句。

曾經是性工作者的她們，在科尼亞經營受迫害婦女的庇護所。科尼亞是智者魯米埋骨之處，他是伊斯蘭世界的聖方濟各，又以梅夫拉那之名為人所知。* 他創立了德爾維希教團，** 這個教團透過狂喜的迴旋舞與阿拉合一，並將祂的祝福傳遞給其他人。雖然魯米一生提倡包容與和平，科尼亞的人民卻被視為極端保守，絕不會將前性工作者放在他們眼中。

因此，艾榭與薩莉哈才在二〇〇七年參選Meclis，也就是土耳其國民議會。她們希望藉此讓全體土耳其人知道她們的困難。

「大家都想幫助孤兒院的孩子，」她們說：「但如果是前性工作者呢？大家會說：『那是你們的選擇，你們只能怪自己！』沒人想知道實情是怎樣的。」

那麼，實情是怎樣的？

薩莉哈・艾爾梅茲的故事

薩莉哈有一對深色眼眸，她穿著天藍色的T恤和穆斯林頭巾。當她向我描述生平時頻頻落淚。然而她強調，從很久以前開始，她就知道怎麼邊哭邊講話了。

結婚

我出生在阿達納郊外的小村莊，那裡離地中海不遠。我有五個弟妹。十一歲時，我媽媽生病了。一開始她不吃東西，每次吃了什麼就馬上嘔吐出來。接著她開始變得虛弱，後來都不認得我們了。

她死了以後，全家的事情都落在我肩上。我要打掃、煮飯、照顧弟妹。我盡力做到，但爸爸並不滿意。他把我送去跟他姊姊家住。我姑姑嫉妒我，因為我姑父一直想摸我，所以他們把我送回家。我爸爸氣壞了。

穆罕默德就在這時出現。我們是在醫院認識的——我媽媽躺著等死時，他的媽媽也在生病。我沒有特別喜歡他，但我想怎麼樣都比和我的家人住在一起好。

我父親馬上就答應了。我在快滿十四歲時結婚。在我們那裡，這沒什麼稀奇的。

離婚

婚禮當晚我們一起過了夜，一切都還好。但是隔天早上麻煩就開始了。

* 梅夫拉那（Mevlana），意指「我們的導師」。

** 德爾維希教團（Order of the Dervishes），伊斯蘭蘇菲教派的苦行僧。

我七點起床時，穆罕默德全家都已經醒來並等著我了。我婆婆開始推打我。「你怎麼可以睡這麼久？」她大吼：「你得照顧家務！」

我試著解釋我母親在我小時候就過世了，所以我不知道怎麼操持家務，但我會學，只是他們需要給我一點時間。我丈夫什麼也沒說。對一名土耳其男性而言，他的母親是神聖的。我們在一起七年。我幫他生了兩個女兒。我婆婆一直都對我很糟糕，而我先生總是站在她那邊。日子久了以後，他們兩個人開始一起打我。

滿二十歲時我提出離婚申請，也順利離成功了。只是在土耳其這個地區，離婚女子受到的待遇比妓女還糟。

茶館

我回到我家鄉的村子。當時我弟弟已經移民到希臘。我妹妹也在十四歲時結婚了。我爸爸娶了新太太。他認為我應該回到丈夫身邊，我的歸來為他帶來羞恥。

在每個土耳其村落的中心都有一間茶館。男性成天坐在那裡聊八卦，打牌、談交易。我走去當地小店時都得經過那裡，每次都會聽到他們說：「不知道那個婊子今天又跟誰睡了。」或是：「易卜拉欣，你去問問看，她一定會讓你上。」他們總是大笑，無止境地談論誰能跟我睡，誰又可能已經跟我睡了。

我非離開不可。

店鋪

我去了阿達納，以為在大城市裡沒人會認得我。我在一家小店找到工作，一開始是非法打工，負責收銀工作。我表現很好，所以老闆要我簽合約。那時他才看到我的身分文件，知道我離婚了。為什麼要把這種事寫在身分文件中呢？我不知道。

老闆把我調職到倉庫。表面上是防止我影響顧客心情，實際上他別有用意。倉庫的工作辛苦多了。我得搬箱子，而老闆總是逮到機會摸我屁股。「你年輕漂亮，」他說：「還可以用。」他有太太和兩個小孩，但這並不影響他。他還覺得既然我離婚了，誰都可以跟我上床。

那時我會整個晚上都在哭泣。幾個星期後，有人介紹我認識哈珊，我還以為是阿拉親自來救我了。

哈珊

他打扮入時。他說他愛我、說我很美。如今我知道那不是什麼很好的讚美，但在當時，那是我出生以來第一次有人對我說好話。

我跟他說我的老闆想占我便宜，之後他去找老闆，把他罵了一頓。他說我不用再去工作了，他會照顧我。他讓我整天都在笑，我感到純粹的快樂。

朋友

我搬去跟哈珊一起住。我終於覺得自己像一個家的女主人。我不用去上班，因為我是哈珊的女人。讓太太拋頭露面去工作有損一名土耳其男性的尊嚴。

每天都有朋友來找哈珊。「多好啊，」我心想：「我們有這麼多朋友。」他們喝很多酒，我知道，因為我負責在桌邊招待他們。「讓他們喝吧，」我告訴自己：「這不符合我們的宗教信仰，但是他們沒有爭執或打架。」

哈珊和他的朋友會抽一種奇怪的香菸，我不知道那是什麼。哈珊要我點一根來抽。在家庭裡，服從是很重要的，所以我照做了。沒什麼壞事發生，於是我開始更常抽。不知道為什麼，抽完那種菸我的感覺總是比較好。

哈珊的朋友會帶一些女人來。我以為她們是他朋友們的太太。她們的打扮很有意思，腳踩高跟鞋、穿著很短的金色裙子、頭髮綁成很奇怪的樣式。

哈珊說城裡的人就是那樣打扮。我沒見過大城市，所以我相信他的話。

如今我知道我有多天真。但我太想相信哈珊真的是個好男人，因此可以說服自己相信任何事情，只要不破壞這個夢想就好。

但有天晚上哈珊打破了這個夢想。他命令我跟他的某個朋友上床。我拒絕之後，他打掉了我的牙齒。

裙子

我這才明白哈珊的朋友是在逐漸誘騙與豢養我，不幸當我發現時已經來不及了。他們先教我喝酒，然後是使用毒品。更後來我已經對毒品上癮了。

但最重要的是哈珊完全切斷我與外界的聯繫。我沒有工作，也沒有家人跟朋友。哈珊的朋友強暴我後，我無處可逃。我連逃走的力氣都沒有。他們開始愈來愈隨意地對待我。最後他們讓我穿上金色短裙、把我頭髮綁成奇怪的模樣，並帶我去開塞利參加跟在我們家一樣的聚會。

毒品

他們把我關在陌生城市裡的一座妓院。我拒絕工作時他們就毆打我，或是不給我毒品。你知道狗怎麼嚎叫的吧？我的嚎叫聲比狗還淒慘一百倍。

我就那樣工作了超過十一年，直到一年前才逃出來。我還沒辦法談論那十一年，但是我可以告訴你我怎麼逃走的。

打扮入時的男子

我在去到妓院一個月後第一次逃跑。我沿著街頭走，想找一個可以信任的人，所以一直在注意人。結果迎面走來一名打扮入時的男士，我走上前跟他說我剛從一間妓院逃跑，那裡的人會毆打我、強暴我。那名打扮入時的男士非常惱怒。「滾回你的地方，你這個婊子！」他大吼道。

我就回去了。

他們把我帶去土耳其各個地方——安塔利亞、馬拉蒂亞、科尼亞、麥辛。我不記得所有城市了。這麼做，那些地方的皮條客每兩個星期就可以換一批新的女孩，而且不用付我們任何費用，因為我們從不會在同一個地方工作一整個月。

有一次，他們帶我去到安塔利亞。本來我的客人應該只有一個男的，但後來來了六個。他們用槍抵住我的頭，我告訴他們我有隨行保鏢，但他們只是大笑。

不久之後，有人殺了跟我一起工作過的女生，於是我再度逃跑。有一名軍人幫助我，他帶我躲到山裡，到他家人那邊。但是皮條客還是找到我，並且把我打到不省人事。他們說要是我再逃跑一次就要殺了我。

手術

二〇〇五年我動了一場手術，是關於婦科的問題。手術後醫生來看我，用指責的語氣問我：「你為什麼不要小孩？」我回他：「什麼意思？」「你剛才動了切斷輸卵管的手術！」

我被騙了。原來，讓醫生切斷我的輸卵管會比不定時付錢墮胎要來的省錢。他們沒有告訴我要動什麼手術，而是對所有女孩都這樣做。

我就是在那時下定決心：要嘛逃跑，要嘛去死。

超級市場

我抓住第一個機會。當時有個年輕小伙子，我想他有點愛上我了。他多付了錢，只為了和我在一起、跟我講話。

「我看得出你眼中的痛苦。」當我聽到他這麼說時，整個人情緒潰堤，把什麼都告訴他了。他答應要救我出去。

土耳其有個電視節目，內容是由記者介入某些人的艱困處境，他打電話給他們。幾個星期後，一名記者喬裝成顧客來找我。他身上裝滿相機，還用購物袋帶來一份合約，讓我簽名。合約內容是他們無法保證我的安全。他問我知不知道自己可能被殺，我說我寧願死也不想再這樣活著。

他說他們必須錄下我嘗試逃跑的畫面。

隔天，我請老闆讓我出門購物。那時隨行監視我的人已經殺過三個人。在超市裡，我試圖從他身邊逃離，但被他活逮。他打了我的臉、把我推倒在地上，然後把我塞進車子裡。

我們開車接近妓院時，電視臺的人和警察已經等在那裡。他試圖硬闖出警戒線但失敗了。

那時是二〇〇六年春天。我自由了。我覺得自己好像一隻小鳥，籠子打開了，卻再也沒有力氣飛翔。

照片

薩莉哈給我看她手機上女兒的照片，還有一張她父親的照片。這是她與親人間僅存的連結。他們沒有人願意跟她說話。他們想忘掉她，彷彿這個人從未存在於世上。

她參選國會議員的一個原因是想找回尊嚴，也讓親人看到她還是有存在的價值。

頭巾

除了電視臺的人，我的小女兒也在現場等我。她有禮物要給我——虔誠女性戴的那種頭巾。在妓院的時候，他們號稱我是頭髮最漂亮的一個。我頭髮很長，一直留到腰部。

薩莉哈從皮夾裡拿出那時候的照片。紅色挑染破壞了她一頭烏黑的秀髮，即使如此，看起來還是很美。

我女兒幫我戴上頭巾說：「戴著它，這樣就永遠沒人可以亂搞你美麗的頭髮了。」

希臘

我弟弟住在希臘。他工作的時候，他太太錄下關於我救援過程的節目。「你認得這個女人嗎？」她問我弟弟。「不認得。」他說，然後就出去了。

等他回來時，他太太告訴他不可以逃避現實，他必須幫助我。他們邀請我去，可是我簽證辦不下來。我以為在希臘可以過更好的生活，決定不惜任何代價都要去。我違法穿越邊境，搭便車到了我弟弟家，結果發現原來他自己的處境也很棘手——他的工作沒了，而且債臺高築。他總是有事情可以抱怨。

他太太給了我二十歐元買票回家。在邊境時，海關官員罰了我六百歐元，因為我的旅行證件上沒有入境章。我不知道我要拿什麼錢付。

表親

我回到故鄉阿達納，去跟我的表親住。他很友善地接待我——太友善了。經歷那麼多事之後，我不可能沒有防人之心。

我表親邀我出去吃晚餐。他說我得找個男人，而且必須在公共場合露臉。同時間，他打遍了城裡皮條客的電話想把我賣掉。他要價十億舊里拉，等於五萬歐元。接著他降價到這個價錢的三分之一，最後變成一千美元。

在阿達納沒人要我，因為他們知道我用頭巾遮住頭髮。戴頭巾的女人令人尊重，但不會引發慾望。所以他開始打電話到其他城市。

有一天，一名陌生男子打電話來。他自稱是「家族友人」，「叫你表哥不要一直煩我。我是認真的，我不要你！叫他不要再打電話來了！」

女兒

我的大女兒現在二十歲了。她想當警察。我必須告訴她我的過去，否則她會從別人那裡聽到。

從我跟她說以來，她就不想跟我有關係了。她的男友因為我而甩了她，警察也不收她。她跟她爸爸住在一起，她爸爸稱我為「那個女人」。

最糟糕的是，她讓我的小女兒開始敵視我。小女兒原本是我重要的支柱，但現在她也不想跟我有關係。前陣子她發了一則簡訊給我說：「別人說我是從一個婊子的子宮出來的。如果我是你，我寧願不要活。」

艾榭與薩莉哈一直牽著手。她們的眼淚湧出來，沿著臉頰直直流下，不再緩慢流過雀斑和酒窩。那些眼淚一顆顆滴落在頭巾、桌面上與杯子裡。

薩莉哈講到女兒時，艾榭用全身的力氣擁抱她。

「親愛的，沒事了，」她說。「你什麼都不用再說。現在輪到我了。」

艾榭·圖克呂克楚的故事

艾榭的頭髮染成紅色、鼻子叛逆地打了個鼻環，鼻頭周圍有點點雀斑。她講話很有自信，但從頭到尾都一直抱著瑟內特——那是一個看起來像小寶寶的洋娃娃。

我不喜歡這種談話。你得把我剖成兩半，才能真正知道我的內裡——我頭腦、眼睛裡、心裡面有什麼。除此以外你永遠不可能真的了解我。但總之我們試試吧。

文件

我們面對最大的問題，是過往一直跟在我們後面。你看，這是我的各種文件——麥辛、阿達納和加濟安泰普妓院的僱用證明。每一張我都付了一百美元才拿到，想找任何工作都需要這幾張紙。但如果我帶著這些文件去求職，誰會僱用我？

土耳其男人都上妓院，但是沒人會僱用一名前性工作者。你看牆上這張照片。這個女人當了四十年的妓女，但是妓院只付她工作三年的退休金。她到老了還得在垃圾桶中撿廢五金。

我們連要在墓園裡找塊地都很難。

最糟糕的是賣春在土耳其是合法的。所以你要是逃跑，警察會直接把你送回妓院。你跟他們說有人毆打、強暴你，他們根本不會聽。到了晚上，同樣的警察上門光顧、找你消費，老闆還會因為是他們找到你的而幫他們打折。

玻璃杯

我出生的地方離加濟安泰普不遠。這座城市周圍都是美麗的開心果園。

我兩歲時，父母出國去德國，留下我跟我奶奶，一直到我七歲他們才回來接我。經過那麼多年，我父母對我而言都是陌生人了。抵達德國第一天，我爸爸在上班，我媽媽說：「我們幫他準備吃的吧。」他回到家後一句話都沒跟我說，試了一口我們煮的湯，然後抓起桌巾兩角，把桌上的東西全翻到地上，因為湯太油了。

他會打我媽，然後我媽就打我阿姨、我阿姨再打我。我媽媽打我們，可能只是因為洗衣機壞了，或玻璃杯破了。我爸酗酒。我哥那時已經在接受精神科治療了。

刀子

我奶奶不會讀寫，所以兩年後她錄了一捲錄音帶寄給我爸爸，請他把我送回去，好讓我在她年老時照顧她。

當時在德國，柏林圍牆還沒倒下。在土耳其的家鄉，沒人家裡有電視機。那時我九歲，我叔叔在地中海畔的度假勝地安塔利亞開計程車。他告訴我奶奶觀光季時，我可以幫他忙。他把我跟他女兒帶去幫他煮飯。

過了幾天，我在晚上醒來，發現自己全身是汗。有東西沿著我的腿往上爬！我以為是老鼠，結果不是——是我叔叔的手。我開始尖叫，然後他就刺了一把刀在我背上。

艾榭把襯衫掀起來給我看疤痕——他叔叔那一刀就插在她左肩胛骨下面。

那個房間是嵌木地板。從此我恨透那種地板。每天晚上他都會摸我，還逼他女兒在旁邊看，這樣子長達三個半月之久。他威脅要是我告訴任何人，就會對我做出更可怕的事。

向日葵

觀光季結束後我們回到加濟安泰普。我什麼都怕。每當有客人來家裡時我就會跑走，尤其是有男性的時候。

我奶奶問我身上的傷口是怎麼回事，但我沒回答。我只說想去山上找我阿姨。

我奶奶很有智慧。她沒有反對，只是幫我準備好吃的，包括一朵很大的乾燥葵花，我從沒見過那麼大的葵花。

但我這輩子有個習慣，每次只要走上正途就會幹些蠢事。在路途中，我開始漫不經心地剝葵花子殼，結果公車走了，我還在原地。有人跟我說可以搭下一班車，於是我坐上去，最後到了離家四百公里的伊茲密爾。我覺得自己似乎走太遠了，但有人給了我一個芝麻圈麵包，另一個人開始跟我聊天，我感覺很好，於是就繼續那段旅程。

抵達伊茲密爾後，我到了警察局。警察也都很好心。警察局長帶我回他家過夜。他太太給我喝湯，又跟我玩遊戲。我跟他們住了一個多星期，心裡期盼可以從此待下來。

但有一天，我的叔叔和嬸嬸跑來警察局等我。一看到他們，我就再也不在乎自己是死是活了。

高領

我叔叔把我送回德國。他告訴我爸我讓他無可忍受。我爸爸一見面就狠狠揍我，打到我一個星期都沒辦法坐，只因為我把飯煮焦了。

那時是夏天，天氣非常炎熱，但我穿著高領上衣去學校。老師開始起疑心，跟著我去廁所，然後把我的上衣拉起來。他們看到我全身都是瘀傷，在徹底檢查我後，把我爸爸告上法院。

我落腳在一間少年收容所。在收容所的那四年是我人生中最好的時光。

手指甲

一直到四年後，我媽才來探望我。我的家人不想跟我有關係。他們說我是kara kiz，黑色女孩，是為他們帶來恥辱的人。

我媽媽說他們要回土耳其了，一個星期後我必須決定要不要跟他們一起走。我看到她頭上有傷口。

我的第一個念頭是什麼？我要留在這裡！我在電視上看過，當時土耳其是軍人當政，我不想回去。但那樣我就會獨自一人留下。我的家人跟我就像手指和指甲，看似各自獨立，其實都是同個整體的一部分。

最後我們沒有回土耳其，但我爸爸學會怎麼不著痕跡地揍我們。於是我逃家，在街頭住了一年。

當時他們想把我叔叔的女兒，也是曾經跟我同睡一間房的申古爾嫁掉，對象是我精神異常的哥哥，因為醫生說婚姻可能對他的病情有幫助。他們沒有別的人選，所以想讓他跟我堂妹結婚。

只是我堂妹沒有申請到簽證。

「去把她帶來，我就原諒你所有事情。」我爸爸告訴我。我很想問他，到底是誰真的需要被原諒，但我忍住了沒說。

李子

於是我回到土耳其。我很想有個家庭，真的家庭。然後我就遇到一位名叫哈桑的男子。他長得不好看也不難看，但對我而言最重要的是他們家裡所有人都尊重彼此。

婚禮後幾個星期，我懷孕了。

我婆婆不喜歡我。有一天我很想吃青梅李，那在土耳其是珍饈。當時我已經懷孕五個月，那是懷孕期間特殊的嘴饞反映。我婆婆說我想都別想，我回嘴表示會把她的話全都告訴我先生。我們爭執起來，最後她兒子選擇站在媽媽那一邊。他把我推出家門，害我摔下幾級階梯。

當時外面下著滂沱大雨，我就在那兒躺了三個小時。快傍晚時才有個姐妹帶我去廁所，我感覺有什麼東西從體內湧出。

早上我們才知道寶寶是個男孩。

我先生沒站在我這一邊。我告訴他，謝謝你喔，現在誰都能小便在我們小孩身上，接著我就訴請離婚了。

裁縫

我在加濟安泰普遇見一名裁縫師，他愛上了我。至少他嘴巴上是這麼說的。我這輩子從沒見過誰的縫紉功夫那麼差。「他靠這個怎麼維生？」我心裡想。

原來，那名裁縫師最會的是天衣無縫地騙人。

我們請一位伊瑪目主持宗教婚禮，民事婚禮則是還要等幾個月才能進行。但那名裁縫另有打算。當時我年輕漂亮又孑然一身，正適合賣給妓院，尤其在官方與警察眼中，宗教婚禮完全沒有實質意義。

不過，裁縫也不能走到大馬路上說：「這是我太太，拿錢來。」他要賣掉我得經過正式的程序。

首先，他跟警察拿了一張證書，上面寫明我是個婊子。要怎麼拿到那張證書？他用了很狡猾的方式。某天他叫我穿上迷你裙，還要畫點妝。「親愛的，」我說：「你知道這座小鎮不大，旁人會開始在背後說我閒話。」但他堅持己見。在土耳其，女人最好不要跟男人爭論。

在外出途中，我們在車上發生了性行為。大概十五分鐘後，他叫我去加油站等他。「下車。」他說。我試著跟他理論，但根本沒用，我只好下車去等。接著他就打給警察，說加油站有一個婊子。警察來把我帶走，做了檢查後發現我剛發生過性行為。

法庭上，他的朋友也作證說曾跟我買春。後來法院判我監禁二十三天，警察開了一張證書給我先生。根據那紙證書，我，艾榭·圖克呂克楚，就是個妓女。

我以為這整件事都是場誤會。我從沒聽過證人的陳述，因為沒人帶我去偵訊室。而即使聽到偵訊，我可能也聽不懂。那時我大半輩子都在德國度過，土耳其語還不太好。不僅如此，我的裁縫先生還一直混淆我的認知，因為他經常來監獄看我，跟我說他有多愛我。

出獄時，他拿出一份警方文件要我簽名。他說這是民事婚禮要用的，所以我連讀都沒讀就簽了。我想盡快重獲自由。

原來，我簽的是在加濟安泰普一間妓院工作的協議書。就憑這張紙，現在他可以把我賣掉了。

魚缸

我出獄後那天，裁縫帶我到一個奇怪的地方。門口有一個大魚缸，有些女孩站在樓梯上，姿勢很奇怪。

我們在一張小桌子旁坐下，裁縫說他得留我在這裡幾個月，我得先工作一陣子，之後我們就可以按照計畫結婚。

「你在想什麼？」我大叫，試著離開。然後他打了我。「記得不准像跟我做愛一樣跟任何人做愛！」他離去前還要補一槍。

那間妓院很大，是城裡最大的。妓院門邊總是站著一個警察，確保顧客至少滿十八歲。下班後警察自己也會進來光顧。妓院有救護車的出入口、一間廚房，還有一個大酒吧。

裁縫用我換來一千五百美元。

我堅決反抗，說我不要工作。站在門口的幾個傢伙把我痛打一頓，然後強暴了我。他們不給我任何東西吃喝。如果他們至少給我一根菸抽，我可能可以撐更久。

但是他們沒有，所以十天後我就上工了。

在土耳其，娼妓業是合法的。理論上，那有助於保護女性。或許真是如此，但從來沒有人來檢查過妓院！那個年代沒人用保險套。每隔幾年我才會看一次醫生，那個醫生跟妓院老闆講好，一次簽完我們所有人的健康手冊，完全不進行檢查。他只有在有人需要墮胎時才會出現。進行墮胎手術後可以戴紅臂章幾天，表示你有權不工作。

其他天的臂章是黑色的。那些日子裡我得服務三十個男人，但要是來了第三十一位，也沒有人會放過你。

如果我流血，妓院會提供衛生棉條。

有一天，另一個城市的姐妹來晚了，我接了七十六個客人。那裡什麼人都有——警察、官員，連收垃圾的都來。有兩個男的因為心臟病發死在我床上。

斧頭

只要活著我就永遠忘不掉歐茲蘭姆和她被砍下來的頭。她被哥哥賣到妓院，但她在懷孕後堅持要生下寶寶，於是皮條客打給她哥哥叫他還錢。

她哥哥非常非常生氣，帶著一把斧頭出現。我進到大廳時看到歐茲蘭姆倒在沙發上，頭顱在半公尺外。

蛋糕

我們在看一部十多年前的影片。畫面中，十幾名女性坐在一張張小椅子上，她們盛裝打扮、頭髮都吹過，看起來不太自然。另一段影片裡有個穿著白紗的新娘，新郎坐在她旁邊，留著一頭濃厚的黑色捲髮。下一個影片裡，新娘在切蛋糕。有人試著跳舞，但看起來很荒謬。

那是我的第三次婚禮——我夢想中的婚禮。有個樂團、四層蛋糕，蛋糕上面有新娘和新郎人偶，我還有一位伴娘。小時候我在我表親的婚禮上看過那樣的蛋糕。

唯一缺少的就是通常負責拿頭紗的小孩。現場也沒有我的家人。

我的未婚夫名叫馬穆特。他是我的客人，一直來找我，後來終於跟我求婚。妓院的人說只要我償還債務就可以離開。那裡是這樣的：他們會從薪水中扣掉吃飯、住宿、洗衣和電力的費用，到了月底就會變成他們不但沒欠我工資，我還反過來欠他們。我付給他們的錢夠買一間公寓和一臺好車了。他們讓我分期償還債務，後來我花了幾年才付完。但是我自由了！

電視

所有電視臺都播了我們婚禮的影片。報紙標題寫著：「艾榭與馬穆特，來自妓院的佳偶。」

從那種地方出來以後，你必須從頭學起怎麼生活。你得忘掉那些打掉的孩子和流過的血，試著記起怎麼煮飯打掃。馬穆特終究不是個好丈夫。他整天都在看電視。我感覺電視機才是他的太太，不是我。

一個月後他第一次打我。我沒等他打第二次。我逃走了。

瑟內特

艾榭的洋娃娃名字叫瑟內特，在土耳其文中是「天堂」的意思。艾榭把瑟內特放在膝蓋上，輕撫她的頭、親吻她的手，再幫她戴上一個小頭巾。她不是把洋娃娃當成小孩的瘋子，不是的。她只是把瑟內特當成一個象徵，代表所有她本來可能生下的孩子。在每一家報紙刊登的照片中，她都要跟瑟內特一起入鏡。

艾榭的競選傳單裡有她寫的詩句：「不管在生命中經歷什麼，／你都終歸一死，被埋入土裡。／花朵會在那裡綻放，／樹木也會長出果實。」

選舉結束後我們再次碰面，「對我而言最難的是閉上眼睛，」她說。「一切都會在夢裡重演。最糟糕的是我有太多時間，現在訪問和競選都結束了，我又獨自一人在家。這種時候我就會憶起所有事情。我又回到孑然一身，只有瑟內特在我身邊。」

尾聲

艾榭與薩莉哈加起來贏得近一千張選票，並不算多，更不足以送她們進國會。

然而，她們的故事出現在許多報紙和電視節目中，激起了辯論。媒體開始呼籲對妓院加強管制。有一位著名的評論家寫道：「她們的故事讓我自覺可恥。全土耳其人都應該感到可恥。」另一位寫道：「我們不可以一邊向這些女性徵稅，又在她們一貧如洗時不管她們死活。」又一位評論者結論道：「土耳其男性不是應該認為女性很神聖嗎？那我要問：當曾經的性工作者快要餓死時，光顧妓院的那些人在哪裡？難道這些女性不值得一點尊重嗎？」

在土耳其，販賣女性，包含販賣太太、姊妹和朋友是嚴重而廣泛的問題。一項在人口一百萬的迪雅巴克爾進行的研究顯示，單單在這座城市，一年中就有至少四百個家庭靠這種方式維持生計。

亞伯拉罕的鯉魚

1

「我該告訴你一個祕密嗎？」他問，一邊用一根手指指著我，指甲只剩半片。

他穿著格紋長褲和一件印度風襯衫，頭髮成綹垂至肩膀，與其說是打結，看起來更像雷鬼頭（髒辮）。他在尚勒烏爾法的清真寺找上我，那裡是先知亞伯拉罕出生的聖地。他聞起來跟老狗一樣臭，一隻鞋子滿是破洞，另一隻則缺了鞋帶。

我心想：「一個嬉皮的祕密關我什麼事？」但我也沒別的事好做。日正當中，高溫逼人，我覺得自己的頭好像塞進了烤箱裡。於是坐在樹蔭下的我對他說，你儘管說吧，我洗耳恭聽（最好是）。

「我是耶穌基督，神的兒子，」他悄聲說。「幫我買包菸。」

我幫他買了一包紅色萬寶路。耶穌吸了一口菸，放鬆下來，問我知不知道這座城市的歷史。我說我知道，但他還是講了起來。他告訴我那位曾經想建造巴別塔的國王寧錄，如何派士兵來到這裡，打算殺死亞伯拉罕（在土耳其，亞伯拉罕被稱為Ibrahim，易卜拉欣）。而阿拉又是如何把那些士兵變成了魚。根據歷史學家的說法，寧錄與亞伯拉罕根本不是生在同一個年代，儘管如此，我還是沒有打斷這位專屬於我的耶穌。

2

直到今天，變成魚的士兵依然在亞伯拉罕洞穴附近的水池裡泅泳。全世界只有這裡有這樣的魚。只要看到人影，牠們馬上會從水中跳出來，用尾巴猛力拍打水面、互相推擠，跳到彼此背上互相拉扯魚鰭。這些魚看起來就像有一千顆頭、自己在跟自己打架的龐然大物。牠們的鱗片在陽光下有如鎧甲般閃耀。但今日牠們不是為了寧錄王的慈悲而戰，而是為了朝聖者投下的一點麵包或小麥。

「沒有一個穆斯林會碰這些魚，要是碰到他馬上就會死掉。」基督告訴我，一邊碰碰我，要我給他一點零錢。這次是為了買街頭小販在叫賣的雞肉抓飯。

我給了他錢。畢竟祂說過：「因為我餓了，你們給了我吃」。當基督追著小販而去時，我想起我在土耳其碰到的那些救世主。

3

二〇〇二年，一名來自黑海港口特拉布宗的工程師杜爾松．阿里．巴哲奧魯宣告自己是基督，並投入國會選舉。他只獲得六十七位選民的選票。一家地方報以「冒牌救世主選舉落敗」為標題刊出相關報導後，他對那家公司提告，但法院駁回他的案件，原因是沒有足夠證據顯示他身負救世使命。

二〇〇六年，另一名救世主從蓋布澤來到安卡拉。蓋布澤很有名，據說是迦太基的名將漢尼拔自殺身亡之地。這位救世主帶著一把獵槍、一副手槍和一把刀，一到安卡拉就直奔參謀總長總部，當場遭到逮捕。

二〇〇七年，又出現一名救世主。他劫持了從伊斯坦堡飛往土耳其開心果之都加濟安泰普的班機。那名救世主要求國家電視臺讓他上鏡頭，宣布世界末日即將在下週降臨。然而他沒能如願，也無法向世人宣告末日。

一直到最近，土耳其最受歡迎的救世主都是哈桑．梅札爾吉。他曾擔任國會議員，後來成為宗教激進份子。梅札爾吉滿頭灰髮、蓄了一把大鬍子。他身穿金色外套，掛著串珠與項鍊，出現在土耳其各大報頭版，預言世界末日即將降臨，並告誡基督教堂要把基督的圖像換成他的照片。他的父母與他斷絕血緣關係，他的妻子則公開指控所有懷疑她丈夫身負救世使命的人都是白痴。

4

有些穆斯林相信，救世主會是先知爾撒，也就是耶穌。還有人說先知是一位失蹤的伊瑪目，他會在接近最後審判日的時刻出現。然而，在伊斯蘭傳統中，救世主並不是在基督教傳統中那樣重要的人物。既然如此，為什麼土耳其人會產生在國民中尋找先知的想法？

或許，他們是受到土耳其第一位有名的救世主沙巴泰．澤維的啟發。沙巴泰誕生於十七世紀的士麥納，也就是今天的伊茲密爾，他在那裡花費多年時間，投入卡巴拉的研修。*

一六四八年，虔誠的猶太教徒認為世界即將終結。當時，烏克蘭軍事將領赫梅利尼茨基手下的哥薩克人攻擊波蘭共和國、大肆屠殺猶太人，猶太教徒認為那是來自上天的徵兆，也是「誕下彌賽亞的陣痛」。** 當沙巴泰宣告自己是神選之人時，數千人信了他。

但是，過了三年世界末日依然沒有來，猶太人於是把他逐出了士麥納。之後至少有十年時間，沙巴泰在土耳其四處遊蕩，直到他又一次靈光乍現，得知世界末日沒有被取消，只是延後到一六六六年。

一六六五年五月，先知「加薩的納坦」確認沙巴泰就是救世主，並宣告土耳其蘇丹很快就會變成他的僕人。不久後，救世主得知有一名猶太女子在赫梅利尼茨基的屠殺中逃過一劫，可堪稱奇蹟。她的名字叫薩拉，住在義大利城市利弗諾，從事娼妓為業，並自稱將成為救世主的妻子。

沙巴泰曾透過一次靈視，預見自己的妻子會是一位名聲不佳的女子。在聽到薩拉的故事後，他命人立刻帶她來見自己。

研究沙巴泰運動的歷史學者指出，這名從良女子的美貌和魅力，加上這段故事的行銷力量，為救世主贏得許多新的追隨者。

一六六六年初，土耳其士兵逮捕了沙巴泰，把他關在加里波利的堡壘中。那年九月，沙巴泰前往愛第尼接受審訊。當數千名當地的猶太人看見救世主被領入蘇丹的宮廷，他們發出歡呼聲，深信沙巴泰將令蘇丹改宗猶太教。

然而，事情的發展並不如他們想像。

---

* 卡巴拉為猶太神智學、神祕主義和奇術的一套系統。

** 關於沙巴泰・澤維（Sabbatai Zevi）與雅各布・弗蘭克（Jakub Frank）的引言與資料，來自Jan Dkotór所著《救世主——判教者相關證據：十七、十八世紀猶太救世運動與改宗議題》。Jan Doktór,Śladami Mesjasza Apostaty : żydowskie ruchy mesjańskie w XVII i. XVIII wieku a problem konwersji, Wrocław,1998.

5

我們無從得知沙巴泰的審訊到底發生什麼事。根據土耳其史料，沙巴泰接受審問時，在場的人包含了穆罕默德四世本人——他曾對波蘭人發動猛烈戰爭，又在不到二十年後派遣輔政大將軍卡拉．穆斯塔法出征維也納。這些史料也指出，審問者威脅要斬了沙巴泰的頭，並要求他證明能履行奇蹟，「他們剝去他全身衣物，要他擔任宮廷弓箭手的靶子。如果他的身體能抵禦利箭，不受任何傷害，蘇丹就承諾會宣告他為救世主。」

沙巴泰可能也不相信自己的身體能抵禦利箭。無論如何，他無意冒此風險，溫順地承認了「阿拉是唯一真神，穆罕默德是祂的先知」。他在審訊過後全身而退，成為享有所有權利的穆斯林。伊瑪目對這名改宗的猶太救世主寄予厚望，期待數千名猶太教徒將因此改信伊斯蘭教。

果真如此，土耳其各地的猶太人紛紛轉而信仰斯蘭教。

這是一股改宗潮的開端，至今在土耳其仍會激起強烈情緒。因為儘管沙巴泰接受了伊斯蘭信仰，他並沒有脫離與猶太教的關係，或卸下救世使命。此後數百年間，他的追隨者被官方認定為穆斯林，私底下卻舉辦祕密集會，並一如既往地祈禱。他們被土耳其人稱為東馬，即改宗者。不過直到今日，這些人仍有「祕密的猶太人」之稱，並且被認為是一群只在乎自身利益、潛藏在角落中密謀傷害土耳其的人。在土耳其流傳的數百種陰謀論，全都宣稱東馬才是國家真正的統治者。每個人有嫌疑，比如阿塔圖克，因為他來自薩洛尼卡（今天的塞薩洛尼基），那是沙巴泰被逐出伊茲密爾後的居住地；比如詩人納辛．希克美，因為他祖父是薩洛尼卡的首長。總理艾爾段也在名單中，因為他想強化伊斯蘭信仰，但在伊斯蘭信仰下的土耳其是衰弱的土耳其，而那正是全世界猶太人所樂見的情況。

有些評論者不禁感到疑惑，為什麼在一個幾乎沒有猶太人的國家，人民還有辦法在每一個角落嗅出猶太人的陰謀？

6

在伊茲密爾，有一名導遊帶我去看沙巴泰位於一條小巷中的故居。這名導遊是那種老一輩的好導遊，名叫阿梅特。他為鮮少有人知道這個地方感到惋惜。會知道沙巴特故居的所在地，是因為他祖母的房子以前就在附近再往前走三百公尺的地方。

沙巴泰房子的現況十分慘淡。上層樓房與屋頂都已塌陷，讓房屋裡一些濕壁畫的遺跡顯露出來。

「直到今天東馬派還是會來這裡。」阿梅特告訴我。他這句話沒有在試探陰謀論或希望引發惡感的意思，反而更像是同情。「他們會點上蠟燭進行某些儀式。你看，這裡就有蠟燭留下的痕跡。」他邊說邊指給我看。我們在屋子裡晃蕩，同時左顧右盼，以防有東西掉落砸到我們。「五十年前，我祖母見過他們有一百多人在這裡，」他又補上。「我偶爾也會看到，但只有兩位年老女性。據說城市當局想來拆除這棟房子，將它改建為公園。他們可能會達成目標。當地猶太人對沙巴泰深惡痛絕，東馬派也不敢冒險出頭。」

7

沙巴泰的使命在波蘭猶太人之間也激起廣大迴響，這是必然的——當年的波蘭與土耳其相接，卡緬涅茨—波多利斯基經常易主，* 而波蘭共和國與鄂圖曼帝國都是以歐洲最包容的國家為人所知。今日烏克蘭領土境內的猶太人前往士麥納、薩洛尼卡和君士坦丁堡，在當地修習猶太教經典《妥拉》與猶太教哲學卡巴拉。猶太裔土耳其人也經常前往波蘭，在當地從商。**

沙巴泰有一位波蘭弟子名為雅各布．弗蘭克。弗蘭克生於一七二六年，他也自稱為救世主。在猶太教拉比的迫害下，他與他的追隨者改宗基督信仰，首先去到勒弗夫，*** 後又前往華沙。

天主教的主教與鄂圖曼帝國的伊瑪目一樣，認為弗蘭克受洗是他們通往所有猶太人靈魂的第一步。但事實證明，弗蘭克在改宗後依然自視為救世主，最後成了階下囚，被囚禁在光明山修道院。

8

當我在腦中回顧這一切時，我專屬的耶穌基督正把一盤雞肉抓飯吃得乾乾淨淨，露出大大的笑容。我心想，一個稱職的精神科醫師若是碰上他，可真要大費工夫了。但這不重要，畢竟現在大家也是這麼說沙巴泰的，而當年他的追隨者可有數千人。

曾經，在我身處的這片土地，光是在山裡丟了一頭羊都足以讓一種新的宗教誕生。只不過今天這裡建起道路、蓋起商店，創造出不錯的經濟成長數字。無論是劫機或穿一身黃金的衣裳，條件都不再足夠。這年頭的救世主若想博得土耳其人的關注，真的得非常努力才行。

---

* 卡緬涅茨—波多利斯基（Kamieniec Podolski）為今日烏克蘭西部的城市。

** 關於這個主題，更多探討請見瑞秋．艾莉歐的《哈西迪主義的神秘起源》。這本書也描述沙巴泰主義和弗蘭克運動如何啟發了哈西迪猶太教。弗蘭克運動由沙巴泰的弟子雅各布．弗蘭克所創始。Rachel Elior, The Mystical Origins of Hasidism, translated by Shalom Carmy, Portland, 2006.

*** 勒弗夫（Lwów），為現代的烏克蘭城市利維夫（Lviv）。

來自杏城的刺客

1

城市中心有幾條漆成綠色的長凳，旁邊是前市長伊斯麥特．伊諾努的雕像。他曾經是阿塔圖克的戰友，不知道是幸或不幸地出生於馬拉蒂亞。

為什麼這樣說？因為馬拉蒂亞是個無與倫比的爛地方。要不是有足球，在這裡可能會無聊死。當地的馬拉蒂亞體育足球隊是甲級聯賽隊伍，球場居然還鋪了人造草皮。

到了夏天，這裡還有杏桃。連綿數公頃的果園圍繞整座城市，總計有數百萬株小樹。人們將長出的杏桃出口至歐洲各地。夏天時這裡的色彩都是綠色和橘色，帶著杏桃的香氣與風味。

冬天則是另一番景象，此時的馬拉蒂亞一片沉寂。街上沒有觀光客，倒是有成堆的髒雪，市長雕像下的長凳空無一人。天氣冷得要死，這是位於海拔九百公尺高處的代價。當地人在冬天時情緒通常低落而暴躁，很少出門。

一九五八年

在這樣一個嚴酷的冬季，穆罕默德．阿里．阿賈在馬拉蒂亞城外的村莊海基姆漢誕生了。他的父母住在一棟簡樸的木造小屋裡，父親找工作不順利，經常尋求酒精慰藉。

小穆罕默德誕生後幾個月，嘉祿．沃伊蒂瓦神父晉牧為波蘭克拉科夫的輔理主教。當時他三十八歲，在波蘭天主教會的神職人員中是最年輕的成員。當時的他已選擇童貞瑪利亞為他的主保聖人，導引他的個人格言則是「全屬於你」（Totus Tuus）。

2

馬拉蒂亞有些商店只販賣用各種方式製備的杏桃。全世界必定只有一座這樣的城市。最好吃的杏桃裡面塞了堅果如胡桃、榛果和開心果。

當這些商店的主人提到阿里．阿賈的名字時，常帶著特別的崇敬，彼此會爭論誰跟他的交情比較好。

「我跟他一起上初中。」第一個店主人說。

「我在火車站跟他一起賣水。」第二個店主人說。

我半信半疑——馬拉蒂亞給我的印象是，這裡一半的人都會吹噓自己與阿賈相識。只有第三個店主人沒有吹牛，因為他來自迪雅巴克爾。但是他的小孩跟其他小孩一起假裝自己是阿賈——有個小孩拿著一根細枝朝另一個小孩「開槍」。沒人想當教宗，大家都想當阿賈。馬拉蒂亞體育足球隊在鋪著人工草皮的球場出賽時，球迷多年來高唱的歌曲是：「馬拉蒂亞萬歲，教宗萬歲，我們愛你阿里．阿——賈！」

我買了幾盒皺巴巴的杏桃走進一座院落。這座城市有數以千計這樣的院落，計程車司機都會來這裡清洗他們檸檬黃的計程車。正在抽菸聊八卦的他們和我打招呼，因為在這個地方，不是天天都會看到外國人的。

我也朝他們招招手，然後按下一個圓形的門鈴，門鈴旁的姓氏是阿賈。

一九六六年

阿賈的父親過世了。據說他在人生尾聲時總是醉醺醺的，還會毆打阿賈的母親。父親離世後，八歲的阿賈成為一家之主，為了養活母親和手足，他在火車上賣起飲水和甜品。

他母親對他寄予無條件的愛，相信兒子一定能成大事。也許他會當上醫生，甚至教授。

不論以後他做什麼，一定會聞名全世界。

同一時間，嘉祿．沃伊蒂瓦已經成為克拉科夫總主教，在波蘭各地主教中享有崇高的地位。一年後，他成為繼斯德望．維辛斯基之後出身波蘭的第二位樞機主教。

3

阿德南．阿賈和他哥哥簡直是一個模子刻出來，只不過他的髮色依然深濃，阿里．阿賈則已滿頭灰髮。他在門口迎接我，帶我來到最大的房間。他穿著起了毛球的深色舊毛衣，還有仿冒KicKers的便宜木屐鞋。

「我哥哥不曉得有這間公寓。我們從海基姆漢搬來這裡時，他已經在義大利坐牢了。阿拉啊，阿拉，我的天啊，現在都已經多少年了！」

他妹妹法特瑪坐在角落裡一個小小的圓腹火爐旁邊，那是房內最溫暖的地方。她在觀察我，但我往她的方向看時，她迅速別開了眼神。她戴著穆斯林的頭巾。

「但我們並不特別虔誠，」阿德南又說。「在最重要的古爾邦節，我們會至少試著送一隻雞給窮人家。伊斯蘭教非常看重布施，那是最重要的五功之一。不過我們很少去星期五禮拜。」

有幾位叔伯也在他們家，分別是阿里與穆罕默德。他們來拜訪這一家人，也順道暖和一下身子、聊聊天。在場還有幾個孩子，有三個是阿德南的、三個是法特瑪的。我帶了傳統的波蘭糖果——一盒 Ptasie mleczko 還有一些李子巧克力給他們，*但是他們很害羞，躲在走廊裡吃吃笑。

我把右手放在胸前，恭敬地向阿德南鞠躬。謝謝你同意與我談話。多年來他從未讓記者進門。在我來之前，他剛把來自巴西的電視臺工作人員拒於門外，不顧他們在他家門外站著受凍了兩天。

阿德南也鞠躬回禮。他是拒絕了他們沒錯，他不喜歡拿錢辦事的寫手。

「他們都寫些關於我哥哥的垃圾新聞，」他邊說邊點點頭。「我說他睡得很安穩，他們就說他做惡夢。我說他夢想安詳與寧靜，他們就說他要寫書還要演電影。但你來自教宗的祖國。」阿德南嚴肅地看著我。「教宗從來沒有拒絕我們，所以我怎麼能拒絕你？坐下來，問你想問的吧！你是我們的朋友。」他微笑著補上這句。

* Ptasie mleczko 意指「鳥的奶水」，是一種香草棉花糖巧克力。

一九七六年

阿里．阿賈從馬拉蒂亞的師範學校畢業後，前往安卡拉就讀大學。在那裡，他步上其他數千名男子的後塵，落入恐怖組織的掌控中。土耳其瀰漫著無政府主義，左翼極端份子與右翼份子持續鬥爭。已逝的美國作家克萊兒．斯特靈針對阿賈與恐怖主義寫過數本傑出的著作。根據她指出，當年在土耳其，平均每一小時就有人遭到極端份子殺害。右翼極端勢力，包括阿賈所屬的灰狼組織，夢想建立一個「大土耳其」，領土擴及屬於「真突厥人」的蒙古，並擺脫左翼勢力影響。

受到蘇聯啟發的左翼極端份子則追求與蘇聯更緊密的連結，希望在土耳其實現共產主義的理想。

這兩股勢力都仰賴毒品與武器交易。走私路線通過保加利亞，保加利亞的特勤單位因此對左翼和右翼恐怖份子都有影響力。

阿賈是成為恐怖份子最理想的人選——他有能力、勤奮，而且一貧如洗，外加他學習得很快。

一年後的一九七七年，他前往敘利亞境內的巴勒斯坦營地受訓。一九七八年，他從安卡拉搬到伊斯坦堡。他一次也沒在大學出現過。

同一年，嘉祿・沃伊蒂瓦成為教宗，選名若望保祿二世。

4

我們坐著啜飲熱茶。

因為年齡關係，啜茶最大聲的是那兩位叔伯。他們兩人都有一大把濃密鬍鬚，看起來像是黏上去的。由於已經是家父長級的輩分，他們話相對很少，在談話過程只是聆聽，偶爾點點頭表示同意。

「阿里是個好孩子。」阿德南告訴我。叔伯們的記憶也是如此，因此他們點點頭，好像村中教堂供人擲入錢幣的黑色塑膠人像。阿德南又說：「他從不跟人打架或爭吵。那些殺人團體利用他的善良天性。他們利用了我們的貧窮。我哥哥是個好哥哥、好兒子，也是一個好人。他從來都不想要任何人受到傷害。」叔伯們再次點頭同意。

槍擊教宗的恐怖份子從不想要任何人受到傷害？我很難相信。但是，好吧，如果他們想要這樣相信就隨他們吧。我又問了一些關於阿賈童年與少年時期的問題。

我提問的時候，兩位叔伯聞風不動，非常仔細聽我說話，審慎評估我說的每一個字。聽到我問的都是關於少年阿賈的興趣、女朋友、工作、計畫和夢想等問題時，兩位叔伯的頭又垂直移動起來表示認可。

女朋友？「他沒交過女朋友。他對女生沒興趣。」阿德南回覆我。

工作呢？「他向來勤奮工作，幫助自已的母親和弟弟妹妹。」

有什麼人生計畫？「他想當老師、討個老婆、有間房子和小孩。他很喜歡小孩。」

他的夢想什麼？「他以前寫詩，想當詩人。沒有，沒有任何一首詩留下來。警察什麼都拿走了。」

但是當我問起灰狼、恐怖主義和他最早幾次的暗殺行動時，兩位叔伯的頭不動了。他們不喜歡這類問題。他們互看一眼，用舌尖抵住上顎發出低低的嘖嘖聲，表達對我的不滿。阿德南也發出同樣的嘖嘖聲。

灰狼？「我哥哥被他們利用了。他是個好人。他不希望任何人受到傷害。」

敘利亞的營地呢？「我一無所知。」

那刺殺行動呢？「他被利用了。他為什麼要去殺人？他對政治沒興趣，從不希望任何人受到傷害。」

但他企圖刺殺教宗，這怎麼說？「他從不希望任何人受到傷害。他對教宗敬愛如父。」

那為什麼要開槍射他？「我不知道。」阿德南聳聳肩。「我哥哥那時候不知道教宗是誰。那都是神的計畫。何況他是被利用的……」

我不打算縮手。

「如果他愛大家，對每個人都只有善意，為什麼他要成為恐怖份子？」我惱怒地問他。

阿德南受夠我的問題了。「我說過，他是被人利用。他從來不希望任何人受到傷害。」

這是阿德南一再重複的話，而且會無止境地重複下去。我們之間的緊張氣氛已經升高到危險上限，再追問任何關於阿賈過去的問題都沒有意義了。

「那今天的他是什麼樣的人？」我轉而問道。不過就在此時，本來躲在走廊偷笑的孩子們終於大膽起來，衝進房間。第一個跑進來的是阿德南的四歲兒子伊薩，這個名字在土耳其文中是耶穌的意思。伊薩跳上爸爸的膝蓋去抓他鼻子。接著進來的是幾個小女孩，深色頭髮的是瑪莉、藍色眼睛的是德尼茲（她的眼睛遺傳自同樣有藍眼睛的曾祖母）。

阿德南抱著孩子，他朝兩個女孩撓癢癢，又輕扯伊薩的耳朵。有那麼幾分鐘，他完全忘掉哥哥、忘掉教宗、忘掉眼前這名波蘭記者，還有過去三十年來他被迫不斷回答的問題。儘管刺殺教宗的人不是他、前往敘利亞營地的人不是他、殺了幾位土耳其記者的人也不是他。在那一刻，他眼中只有爬到他頭上、扯他頭髮、拉他那件起毛球毛衣的，親愛的孩子。

「我剛才說到哪裡？」過了一會兒他問我，心思已經完全飄走。但如今我也不記得原本打算問他什麼了。

一九七九年二月一日

時間是晚上七點。阿卜迪．伊佩克奇正在回家路上。他是一名土耳其著名新聞記者，擔任大報《民族報》總編輯，也是左翼人權捍衛者。他就快到家了，只要開上山坡就好。

伊斯坦堡的地面上有點積雪，開起車來不太容易。突然間有人跑到車子旁邊，掏出手槍，開了五槍。伊佩克奇當場死亡，殺人兇手揚長而去。

之後在漫長的五個月間，他們逍遙法外。沒人看到他們，警方完全不知道該去哪裡搜尋。某天，有位匿名舉報者突然打電話到警察總部，指稱兇手是穆罕默德．阿里．阿賈，並表示他現在人正在博斯普魯斯海峽邊的一間餐廳裡。

阿賈真的就在博斯普魯斯海峽之畔。他在警方前來逮捕時束手就擒，最後被關在伊斯坦堡郊區警戒嚴密的卡爾塔爾堡壘監獄。隨後審判展開。

幾個月後，在恐怖份子同夥的協助下，阿賈穿著軍服成功越獄。

他寫信威脅要殺害即將到訪土耳其的若望保祿二世：「西方帝國主義者……派遣偽裝成宗教領袖的十字軍指揮官若望保祿來到土耳其。如果不取消此次造訪，我將毫不猶豫地殺掉教宗。這是我逃離監獄的唯一原因。」

儘管如此，教宗還是來到伊斯坦堡。在他造訪期間，阿賈潛逃到保加利亞。不久，若望保祿二世首度前往波蘭朝聖。他讓同胞心中充滿希望，並促成團結工聯的誕生。他可能就是在當時簽下了自己的死亡令，對莫斯科而言他太危險了。

那時阿賈已經知道自己將參與某個重要行動，但他知道自己要槍擊教宗嗎？可能不知道。為了掩飾行跡，操控他的人讓他繞了好大一圈，去到伊朗、索菲亞、羅馬、蘇黎世、維也納、摩洛哥、米蘭和突尼西亞。他寫日記，在文中吹噓自己在索菲亞僱用一名妓女，和她在某間教堂作樂。他穿著駱駝毛大衣和勞力士金錶往來，並且身懷巨款。在傳聞中，他是一位手段殘忍的狂人。要刺殺教宗很難找到比他更理想的人選。

5

自從阿里．阿賈入獄以來，阿德南就依照土耳其傳統，承擔起一家之主的責任。「但是只到我哥哥被放出來為止。」他強調。何況現在他已經盡可能尋求哥哥的意見。比如阿德南的孩子出生時，就是阿里告訴他應該幫他們取什麼名字。阿里要阿德南替兒子取名為伊薩，意即耶穌；女兒取名為瑪莉，也就是聖母瑪利亞，阿德南照他說的做了。

阿德南第一次無法請教哥哥的意見不過是幾星期前的事。他問不到人，只好自己下了決定，把病入膏肓的媽媽送到醫院。繆澤顏．阿賈患有糖尿病，已經不久於人世。

「他可能無法承受，」阿德南說。「我們的母親是他最重要的人。他為她放棄生命也在所不惜。當阿里年紀還小時，就用盡一切努力讓媽媽不需要工作，」阿德南說明。「後來他會從安卡拉寄錢或禮物給她。他在獄中時，我跟媽媽一起去了義大利。那趟旅程很不容易，因為旅費要價高昂，而且沒人願意幫助我們。但教宗沒有讓我們失望。他得知我們在羅馬後，推遲了所有會議好跟我們談話。他說：『穆罕默德．阿里是我的弟兄，你們對我而言如同家人。』」

一九八一年五月十三日

阿賈穿著白襯衫和一件灰色的夏日薄外套來到聖彼得廣場，身上攜帶在維也納為這一天特別買的白朗寧九公釐口徑手槍。他站在聖彼得大教堂的銅門旁，離教宗公開接見後將行經的路徑只有三公尺。

在二十公尺外，手段殘忍的恐怖份子奧拉爾．切利克在噴泉旁等待。他是阿賈的朋友，來自馬拉蒂亞。他穿著皮夾克、牛仔褲和運動鞋，攜帶一把貝瑞塔七．六五公釐口徑手槍，外加一顆破片手榴彈，以求萬無一失。

公開接見在大約下午五點結束後，教宗座駕開始繞行聖彼得廣場。教宗依慣例問候朝聖者，和他們握手，為孩子賜福。他離阿賈愈來愈近。

五點十七分，阿賈緩緩舉起他的布朗寧手槍開始射擊。他擊中教宗的腹部和手肘。原本在腹部的傷口可能會致命，好在沒有——子彈以毫釐之差錯過了主要器官。教宗傷勢嚴重、血流如注，但他保住了性命。那是當天第一個奇蹟。

第二個奇蹟後來才發生：教宗寬恕了行刺者。

切利克逃之夭夭。直到今天都沒人知道他到底有沒有開槍，甚至有沒有伸手去拿槍。勇敢的勒蒂齊亞修女抓住了阿賈，一直等到警方趕至現場才放手。

6

在伊斯坦堡郊區有棟破敗的廉價出租公寓，二樓有一間辦公室的門牌上寫著：「穆斯塔法．德米爾巴赫律師」。

「接到這個案子算是個意外。」擔任阿賈律師的德米爾巴赫說。他穿著俐落的黑色高領衫和深色外套。「有一天阿德南跟他哥哥的律師團起了爭執。他指控他們忙著利用阿賈的案子飛黃騰達，卻把他這個人給忘了。」

德米爾巴赫不想接這個案子，但阿德南相當堅持。於是他們講好，要拒絕這個案子之前，德米爾巴赫得先去獄中訪視阿里．阿賈。

如今回顧，德米爾巴赫表示：「我對這個人感到很好奇。他是個活傳奇。我以為他很危險，擔心他會對我造成傷害。我在會客室裡坐下，他進來後和我握手，露出怯生生的微笑。我覺得他非常有禮貌，而這整個情況讓他很難堪。他問我是否同意承接他的案子時，我已經被他迷住了。我無法說不。」

德米爾巴赫的生活發生了一百八十度大轉變。突然間，這位少有人知的律師開始接受訪問、參加電視臺談話節目錄影。他也開始收到威脅簡訊，於是學會攜帶手槍防身。但最重要的是他開始認識阿賈這個人。

「我蒐集了所有能找到的資料，一共有八個厚厚的資料夾。」他說，一邊抱來三個，再多就拿不了了。「我開始一星期去獄中兩次，更頻繁的時候甚至一週四次。我整個人生都獻給這個案子了，所有的空暇時間、所有的一切。」

阿里．阿賈是什麼樣的人？「一個很出色的人，跟你們在媒體上讀到的很不一樣。他閱讀廣泛、非常聰明。如果有人想為自己的目的操弄他，那是沒用的。他馬上就能察覺到你在騙他。但是他非常友善，我們每次談話時他都會看著我的眼睛。」

他的夢想是什麼？「安詳與寧靜。他想要靜靜躲到鄉下某處，就這樣生活下去。遠離這一切。」

你們是朋友嗎？「我試圖保持律師與客戶間的距離，但真的很難。」德米爾巴赫又燃起一支菸。「很多年來，沒有人把阿賈當成朋友跟他說話，問他最近怎麼樣、在看什麼書、足球聯賽各隊戰績如何……那一類的。他很渴望談話。我們談天總是很愉快。我只能說這麼多。」

一九八三

阿賈被關在義大利的監獄裡。他不再指望同夥像以前一樣幫助他逃脫。他開始作證，出賣昔日的恐怖行動戰友，包括灰狼組織。

六月，一位不知名人士綁架了一名梵蒂岡員工的十五歲女兒伊曼紐拉·奧蘭迪，要用她交換阿賈。但奇怪的是，阿賈說他根本不想被放出來，並表示自己在牢裡待得很好。他擔心自己一旦獲釋就會遭到昔日同夥殺害。奧蘭迪至今下落成謎。

阿賈的審判展開後，他撤回先前所有聲明，宣告自己是救世主，並大喊：「我比達爾文和佛洛伊德偉大多了！」

7

拉比婭．厄茲登．卡贊拒絕與我會面。

「這一切是不久以前的事情，我沒辦法談，」她說：「還是太痛了。」

我好不容易說服她接受簡短的電話訪問。我看過她的照片，她是個美麗的女子，有著濃厚的眉毛、棕綠色眼睛。她和東土耳其許多女性一樣，以黑色的穆斯林頭巾遮蓋頭髮。她曾是阿賈的未婚妻，但兩人已取消婚約。

「是我說要取消的，」美麗的拉比婭說。「有個未婚夫在牢裡太艱難了，尤其是那樣一個人。」她補上一句，重重嘆了口氣。

拉比婭是一名新聞記者。幾年前她到獄中訪問阿賈，兩人就此相識。

「在去之前我對他所知不多，」她說：「只知道他是恐怖份子。我以為會碰到一個怪物，但他原來是個耐人尋味、心思纖細的男人。土耳其多數男性都認為對待女性最好的方式就是裝硬漢，但阿賈很溫暖親切。」

「監獄讓他遠比其他男性成熟。他對生命中什麼事才重要看得清楚多了。最奇妙的是，你一定不相信，但以前我們講話時，阿里．阿賈會臉紅。他很害羞！」

「我一開始就看出他喜歡我，我也喜歡他。他很有趣，我們沒有談恐怖主義，而是聊起人生。『人生就像麵包屑。』他說，但他始終沒有告訴我那是什麼意思，我也不敢問。」

「短短一個小時，我已經告訴他我的一切，彷彿他是我最好的朋友。一年後我們就訂婚了。」

美好的時光沒有持續太久。風聲走漏，新聞媒體得知他們訂婚的消息，記者開始跟蹤拉比婭、打電話給她、報導他們的關係。一位記者把她寫成為灰狼組織服務的妓女，指稱是阿賈昔日的夥伴付錢幫他找點樂子。這名記者質問為什麼過去六年來，土耳其新聞界的巨擘持續懇託阿賈接受訪問卻徒勞無功；但作為小報記者的拉比婭．厄茲登．卡贊卻能隨便就走進伊斯坦堡的卡爾塔爾堡壘監獄，彷彿那裡是一家超市？

但顯然，讓拉比婭受傷最深的，是阿賈沒有否認這一切。

一九八三

耶誕週的第二天，一輛掛著梵蒂岡車牌的黑色賓士駛入義大利雷比比亞監獄的大門：若望保祿二世前來探視行刺他的男子。他們談了二十分鐘。多年後，教宗在他的著作《記憶與認同》中寫道：「在我們談話的過程中有件事逐漸清晰，那就是阿里·阿賈至今仍不明白那次行刺怎麼可能失敗。他的計劃縝密周全，每個細節都注意到了……阿里·阿賈可能察覺到，在他自己的力量以外、在槍擊與殺人的力量以外，還有一個更高的力量。他從而開始尋找那股力量。我希望他找到了，也為此祈禱。」

一九九九

教宗請義大利總統全面撤銷對阿里·阿賈的告訴。不久之後，阿賈離開義大利監獄，但是他不可能真正獲釋。土耳其方馬上因為伊佩克奇的謀殺案逮捕他，將他關入牢中。他再度置身於卡爾塔堡壘監獄。

8

德米爾巴赫讓我瀏覽阿賈的卷宗，其中有一封是他寄給教宗的信。那是封煞費苦心、一字一字手寫而成的信。阿賈的右手部分癱瘓，因此他是用握拳的手抓住筆寫字。

「他有腎臟病，肺也不好。」德米爾巴赫補充。

這位律師看到信件，說話整個生動起來。

「教宗對阿賈而言非常重要。他現在坐牢是為了其他事，是因為涉嫌謀殺伊佩克奇。」

會說涉嫌是因為多年來阿賈始終堅稱，槍殺伊佩克奇的另有其人——他只是負責把風，以防有人經過。

「如果他是投機份子，他老早就會把教宗忘掉。」德米爾巴赫繼續說：「但他總是在談論教宗！他常回想他們會面的時光、回想教宗原諒了他，將他當成兒子一樣擁抱。阿賈也把他當成父親一樣敬愛。」

「剛接手阿賈的案子時，我對教宗、梵蒂岡或基督教一無所知。但我很快就知道，要了解我的客戶就必須了解這名波蘭教宗。如今我知道他是個偉大的人，是曾經活在這世界上最偉大的人。阿里．阿賈也這麼想。他想參加教宗的葬禮——不是為了媒體曝光，只是因為他想在那裡。他沒去成，但只要他重獲自由，他就會去若望保祿二世的墓前致意。我知道他非常想念他。」

9

阿賈與若望保祿二世只見過一次面，就是在教宗一九八三年那次著名的訪視。儘管如此，一直到教宗死前，阿賈都說教宗是他最好的朋友。他弟弟堅稱他們兩人間的友誼非常堅貞，如果阿賈有意，要當上樞機主教都沒問題。

教宗說，當他們談話時，阿賈表示他害怕法蒂瑪聖母的復仇——全世界的天主教徒都相信是聖母阻撓了刺殺行動。若望保祿二世則安慰他：「聖母愛你。」

阿賈對那次會面的記憶卻非如此。

「教廷要我同意受洗——那是教宗來訪的一個原因。」他告訴義大利記者。「所以我們談論宗教。我和教宗分享直接來自上帝的聖現，而他相信我說的。」

直到今天，阿賈仍宣稱自己是救世主。

他說他會槍擊教宗是因為上帝親自顯現，囑咐他這麼做。「最後一刻我想放棄，直接到特米尼車站搭火車回蘇黎世，從此過著寧靜的生活。但奇蹟發生，我在一瞬間了悟自己必須回去那裡射殺他。」他這麼告訴記者。

阿賈說他只是在實現預言。他那樣做是因為總得有人做，而上帝指定那個人要是穆罕默德·阿里·阿賈。他是新的救世主，在一九五八年冰冷的冬季誕生於海基姆漢的窮人家裡，不遠處就是杏桃飄香的馬拉蒂亞。

10

阿賈家的公寓裝潢樸素。客廳裡只有兩個沙發、一臺電視機、一張褪色的老地毯，還有一個火爐，法特瑪就坐在旁邊。

「你哥哥說他是救世主。你怎麼想？」我問阿德南．阿賈。

沒有答案。兩位叔伯的頭依然聞風不動，沉默彷彿無止境地蔓延。

「我們並不全然了解，」阿德南終於回答。「我們是簡單的人，這種事情應該去問教授。但是法蒂瑪聖母的預言確實提到我哥哥，不是嗎？全都寫在那裡了。世人將深受痛苦，至今為止那都也實現了。我哥哥出獄後會寫一本書說明一切。那本書會跟《達文西密碼》一樣，讓基督徒看見這個宗教的真面目。」

德米爾巴赫也認為阿賈說的話不無真實性。

「一開始我覺得是胡說八道，但阿賈獲釋後我的想法變了。我看得出來他有多疲憊，報紙上那樣寫他讓他很害怕。新聞媒體以斗大的頭條寫下『殺手獲釋！』、『撒旦就在你身邊！』而阿賈的眼光越過這一切，用孩子般的眼神望著我。」

「那代表什麼？」

「當時我了解到，他們把他釘上十字架了。他就像耶穌基督。」

二〇〇六

阿賈在二〇〇六年獲釋出獄。土耳其法庭將他在義大利監獄待的十九年也納入刑期計算。除此之外，法官認可阿賈符合幾年前一次特赦的減刑資格。

然而，這名昔日的恐怖份子只享受了八天的自由。他和阿德南與法特瑪一起相處幾天，其他時間都和德米爾巴赫在一起。

「我們沒做什麼特別的事，」阿德南說。「阿里就只有看看電視、和我聊聊天。」

「有一次我們去博斯普魯斯海岸散步，走到卡德科伊區。」德米爾巴赫回想。「阿賈戴著帽子和深色眼鏡，但還是有兩個人認出他、請他簽名。我知道他很開心，但最讓他開心的是不用再拿塑膠刀叉吃飯，還能感受到微風拂面。他告訴我：『你無法想像能自由呼吸空氣的感覺有多好。』」

阿賈住在哪裡？德米爾巴赫不願透露。「在一些朋友家。」他簡短地回答。是誰派了那輛豪華禮車去監獄外接他？德米爾巴赫說他不知道。「車就在那裡，所以我們就坐進去開走了。」

土耳其記者的報導指稱，安排車子和住宿的是灰狼組織。這些記者還指出，阿賈的律師費也由灰狼支付，以確保他盡早出獄。在今日，這些昔日的恐怖份子中有許多是商人、政客或位高權重之人。他們對義大利管轄機關沒有影響力，但顯然對土耳其的管轄機關有。

阿賈出獄後，土耳其新聞界群情憤慨。他們對法務部長施壓，要他下令法院重新審理此案，法院也以破天荒的速度做出裁決。阿賈重獲自由僅僅八天後，警察就上門了。

「我一直在等你們。」他說。負責逮捕他的警察後來回憶，阿賈毫無反抗。他並不驚訝，只是可能有點悲傷。

阿賈又回到卡爾塔爾堡壘監獄待了四年。

11

努克特．伊佩克奇的父親阿卜迪是阿賈槍下第一個受害者。她永遠忘不了父親遇害的那天。

「那不只是我個人的悲劇，也是全土耳其的悲劇。我父親是少數有可能終結恐怖的人，」她說。

伊佩克奇遇害那天才四十九歲。他認為左派與右派都要為土耳其的恐怖主義和無政府狀態負責。政客和恐怖份子都看他不順眼，但又必須與他交手，這就是他遇害的原因。

「教宗寬恕阿賈是個大錯，」伊佩克奇的女兒說。「你可以寬恕祈求你原諒的人。但阿賈從來沒有要求獲得原諒。不僅如此，他從沒為了我爸爸的事跟我們家人道歉。他向教宗道歉了嗎？告訴你，也沒有。他粗鄙而傲慢。如果有人問他攻擊我爸爸的事，他非常有可能當面嘲笑他們。但他又總是說，教宗都原諒我了，你們也該如此。」

努克特認為另一名昔日的恐怖份子也該被關起來。切利克負責統籌對她父親與教宗的暗殺行動，但他從未入獄。他甚至出了本書，描述刺殺教宗的幕後故事。他的推銷臺詞是自己寫下「第一部百分之百真實」的紀錄。

「全都是鬼扯，」一名土耳其記者如此評價切利克的書。「它的核心主張是，出錢刺殺教宗的是梵蒂岡與義大利情報局。那也是灰狼組織如今大力宣傳的理論，但沒有一個頭腦清楚的人會相信其真實性。」

一直到不久以前，切利克都還是馬拉蒂亞體育隊的總裁——也就是主場有人工草皮、球迷會歌頌阿賈的那個足球隊。

二〇一〇

阿里・阿賈在二〇一〇年一月出獄。他宣布將透過影片與訪談提供「刺殺教宗的全面真相」，甚至表示自己會參加土耳其版的電視舞蹈秀「舞動奇蹟」。他的律師曾在電話上信誓旦旦地對我說，阿賈會到若望保祿二世在梵蒂岡的墓前致意，之後會立即飛往克拉科夫和教宗的出生地瓦多維采。

同時，他也告訴我，阿賈永遠不會對伊佩克奇的家人道歉，因為沒什麼好道歉的。

然而，阿賈出獄後，他的律師就不接電話了。又過了幾天後，那支電話已經完全不通，從此我再也無法聯繫上他。

有很長一段時間我持續與阿德南·阿賈保持聯絡。我們會互傳簡訊祝福對方——我在古爾邦節傳簡訊給他，他在耶誕節也傳了一則給我。他請我幫他全家取得波蘭公民身分。他說待在土耳其讓人不安心。「畢竟教宗說過我們是他的家人。同一家人可以不同國籍嗎？」他問我。

但是等到他哥哥出獄後，阿德南·阿賈的電話不再有人接聽。

獲釋之後，穆罕默德·阿里·阿賈從人間蒸發，從此再也無消無息。

掰掰布希

流程是這樣的：先用晚餐、接著跟部隊簡報、再與官員對談。二〇〇八年十二月十四日，小布希總統告別了伊拉克，終於出來面對新聞記者。他露齒微笑，回覆了幾個問題。那只不過又是一場官方活動。

突然間，有一名記者把鞋脫下來狠狠丟向布希。

「送你，你這個狗東西！」他大吼。「這是為了伊拉克的寡婦和孤兒丟的！」緊接著他又丟了另一隻鞋。

布希躲開了。在一片驚慌中，白宮發言人慘遭維安人員踩踏。但那實在沒有必要，因為攻擊者已經沒鞋可丟，而伊拉克維安人員早就將他制伏、壓倒在地。

來自摩蘇爾的承包商

那天稍晚，一輛貨車沿著土耳其黑海岸坑坑窪窪的路面顛簸前行。開車的庫德族人為了不打瞌睡，一根接一根抽著香菸。他很羨慕他老闆，能把頭倚在窗上打盹。

突然，他們兩人同時被電話鈴聲驚醒。來電顯示為＋９６４……是伊拉克的號碼。三十來歲、一臉三天沒刮鬍子模樣的拉馬贊．貝丹按下了綠色的通話鍵。

六個月後，他用一口破波蘭語告訴我，他等那通電話等了一輩子。他一直有股預感，有天會有人打電話給他，從此改變他的命運。

來電的人就是阿布杜拉，一名來自摩蘇爾的工程承包商。

「拉馬贊！你看新聞了嗎？」

他要怎麼看？他一整天都在沿岸的商店送貨。

「有個男的在巴格達用鞋子丟布希……」

「如主所願！太棒了！打中了嗎？」

「沒有。」

「那你幹嘛打來煩我？」

「拉馬贊！今天電視上全部都在播這個。明天報紙一定也都是這條新聞！」

「那又怎樣？」

「拉馬贊！那雙鞋是**你的**鞋！」

腳底最痛

伊瑪目哈里勒．尤蘇夫對那隻被扔向布希的鞋子有點不滿。他先從左邊檢視鞋子，又從右邊檢視，接著把鞋子放到地上又拿起來。

「我是在衝動之下購買的。那雙鞋子跟那隻鞋子是同一個工廠做的。你看，他們還取了個英文的名字……幫我看一下……『掰掰布希』。是掰掰布希！換成我是那個男的，我也會丟鞋子。」

我們坐在這名伊瑪目位於伊斯坦堡亞洲這一側的家中喝茶，旁邊就是清真寺。他年近六十歲，留了一把灰色鬍鬚，額頭上有兩道很深的皺紋，他邊想邊講。

「要是我也會丟。但那會讓我覺得自己很可恥，因為伊斯蘭是一個講求愛的宗教。如果有人錯待你，你只能打不還手罵不還口。但話說回來，布希是個殺人者，你不得不讚美那個伊拉克人幹得好。他是先瞄準好了，要讓鞋底打到布希。」我們兩個人都看了看掰掰布希鞋的厚實鞋底。「丟鞋子在我們這邊是重大汙辱。」伊瑪目說，卻又無法隱藏他對丟鞋者的情感共鳴。「但這件事並非關於一隻鞋子。甚至不是關於布希。」他補上這句，一邊用手指梳理鬍鬚。「這是關於你們這些人。我們這裡愈來愈多人對西方感到憤怒——對美國、對歐盟、對你們。我經營一間毒癮者扶助中心，多年來為此前往歐洲各地參與會議。我總說，雖然我們的生活方式不同，但我們的問題是相同的，像是如何給孩子更好的未來、如何保障老人有尊嚴地死去、如何讓世界成為和平的地方。」

「但是對你們而言，和平共存的意思是照你們的規則生活。你們說伊斯蘭思想落後、我們的民主脆弱，而我們的傳統愚昧。你們叫我們要改變，因為你們才知道二十一世紀的人類該怎麼生活。當我們嘗試改變，事實上從阿塔圖克的時代起我們就一直嘗試在改變了，你們又嘲笑我們。以我的例子來說，我留鬍子、戴穆斯林的帽子，如果我去到城裡你們就會朝我拍照！好像我是一隻猴子！」

「但是，大師，那只是出於好奇，不是嘲弄。」我試著安撫他。

「不，維特多，不只是這樣。我的國家不惜代價追求西化與現代化。為了討你們喜歡，我們要做什麼都可以。半個世紀前我們派兵去朝鮮，只為了讓美國人注意到我們。結果換來什麼？什麼也沒有！美國連解除我們的簽證限制都沒有。我們穿牛仔褲、模仿你們拍的電影。但是你們卻不斷來到這裡，然後對我們嗤之以鼻。」

「不是每個人都……」

「維特多，跟你講話真難。與其繼續惹我不高興，不如你去問問那些買了鞋的人吧……那種鞋叫掰掰布希對吧？」

伊拉克舉國同感驕傲

發動鞋子攻擊的是一名新聞記者孟塔達爾．札伊迪。他二十九歲、單身無子。

「這種總統就該受到那種攻擊。」事件後隔天有一名土耳其諷刺作家表示。

「我認為他是受不了那混帳的微笑。」札伊迪的哥哥德甘姆．札伊迪在電話上告訴我。

「那是他在巴格達迪亞電臺工作的第三年。一開始我擔任他的攝影師，我們每天都報導最貧窮的伊拉克人過著什麼樣的生活，那些寡婦、孤兒、殘疾者。戰爭在這裡造成慘重後果，那不會出現在你們的電視上。你們會審查新聞，因為那是你們的戰爭、是你們的錯。除此之外，你們的記者也不敢冒險來這裡。孟塔達爾不怕，但是他所看到的事情讓他深受衝擊。他有個親愛的表親在一次攻擊中喪命、每個家庭都失去了某位至親。丟鞋子？我從沒預料到他會那樣做。我想那是出於一時衝動。但我以他為榮。」

幾乎所有伊拉克人都以他為榮。當事態發展到札伊迪有可能得在牢裡待上十五年的時候，數千人走上街頭表達他們與「丟鞋的孟塔達爾」站在一起。他們帶著鞋子，有些人把鞋子拿在手裡、有些綁在棍子上，然後開始把鞋子黏在小布希的肖像上，一邊高呼：「美國狗！」

拉馬贊在接到巴格達打來的電話並冷靜下來後，直接前往最近的飯店。他的鞋子出現在每一則新聞快報中。飯店的電視機可以收看土耳其與喬治亞的頻道，還有伊朗的頻道，只不過畫面是花白的。

「我哭了。」六個月後貝丹告訴我：「那鞋子是我自己設計的，前面五年連黏合都靠自己來，每件事我都必須親力親為。而現在，全世界都在欣賞我的鞋子！」

「不過我知道我動作要快。才過一天，已經有其他十家工廠開始吹噓，說拿來丟布希的鞋子是他們家生產的，包含兩間中國工廠、一間敘利亞工廠，黎巴嫩和伊拉克也各有一家。其他都是土耳其的工廠，因為這個地區的多數服飾都由我們生產。我在伊拉克某家電視臺上看到一個白痴，他手裡揮舞著一隻涼鞋，一邊說丟鞋的孟塔達爾丟的是他家的鞋子。要是可以，我會親手把他撕成碎片！誰都看得出來搦搦布希鞋飛得很慢，完全是因為那樣布希才有機會閃躲。那鞋子很重，才不是什麼材質單薄的室內拖。」

我們的銀行比你們的好

小糕餅店的老闆雷傑普很確定搦搦布希鞋不是材質單薄的拖鞋。

「我穿著那雙鞋去參加我表親的割禮，結果那整天我的腳都好熱，熱到受不了。也許那個伊拉克的傢伙也是在高溫下受不了了？他把鞋子脫下來但沒地方放，乾脆朝布希丟過去。」糕餅店老闆一邊開玩笑地說，一邊誇口說他已經收到好幾張訂單，都是要做成鞋子形狀的蛋糕。「自從人們知道那雙鞋是土耳其人做的鞋子後都在談論這件事！我認同土耳其出品就是比較好。而且要是阿拉伯裔土耳其人，也就是伊斯蘭教徒製作的鞋子。你知道我們的銀行完全沒有受到金融危機影響嗎？好吧，土耳其銀行是有稍微受到波及，因為他們奉西方為圭臬。但是奉行《古蘭經》教義的伊斯蘭教銀行卻表現愈來愈好。」

雷傑普跟我說起貸款給他創業的銀行。

「《古蘭經》中禁止人們賺取利息，這是對的。跟富人借錢的永遠是窮人，最後吃虧的也永遠是窮人。富人恆富，窮人則是到死都無法擺脫負債。」

「看看你們銀行的運作。除非你能保證還款，否則他們不會借你錢。如果你生意失敗就得賣房子還錢。不然就得賣掉一顆腎。」

「有一間伊斯蘭銀行依照伊斯蘭教的原則與我締結合作關係。如果糕餅店經營不好，我跟那間銀行都會蒙受損失。不會有人把我告上法院或來尋仇報復。我們有共同的利益，都希望這家店經營成功。銀行會提供我資金與建議，跟我一起寫出商業計畫書，也一起賺錢。」

「如果每家銀行都像這樣經營就不會有金融危機了。但是你們一整個文化都是奠基於金錢。穆斯林永遠不會忘記家人跟朋友，他總是會與更貧窮的人分享自己所有。你們這些人則是自己擁有得愈多愈好。一個穆斯林只要有地方住、有東西吃，他就會感謝阿拉，視之為莫大的福氣。你們西方人還得要有車子、要有直升機，還要有最新款的手機。」

「這是我的想法，但年輕人完全是另一回事。我兒子三十歲。他弄了個下巴釘，聽的音樂難聽至極，而且啊，那個傻瓜覺得自己是歐洲人。」

鞋子就像開心果

「世界反布希中心」位於伊斯坦堡市郊，這是某位土耳其評論者為貝丹的工廠取的稱號。

從市中心搭乘地鐵前往工廠大約要一個小時，搭計程車則要兩個小時。在這座有一千五百萬人口的城市，要到小切克梅傑區外圍壅塞的車陣才會緩解。原先這裡是個村莊，近年來才被蔓延的伊斯坦堡市區吞噬。昔日耶尼切里軍團出征到歐洲時會在當地停下休息。* 輔政大將軍卡拉・穆斯塔法麾下的軍隊也曾在前往維也納途中停留於此。直到今日，這裡的生活步調依然很緩慢，與全球重大衝突相隔甚遠。

以頭紗遮住臉龐的祕書問我們要喝咖啡、茶，還是當地版的可口可樂「土卡可樂」，在電視上經常可以看到好萊塢明星為這種飲料廣告代言。

不久，老闆本人現身了。

「我是大老闆拉馬贊。」他用他唯一會的英文自我介紹，之後切換成波蘭語就好多了，

* 耶尼切里軍團（Janissary），又稱為蘇丹親兵、土耳其禁衛軍。

雖然還是有些瑕疵。「好鞋子，很便宜做。」他說，一邊指著架上展示的產品。「我花三年去華沙，去體育館。」他舌頭打結地說，於是又轉換成土耳其語向我說明。在二七一號鞋款往小布希的方向飛去以前，它曾跟著大老闆遊歷四方，前往在昔日的華沙十週年紀念體育場舉辦的市集，*以及在姆瓦瓦、格羅濟斯克與皮亞塞奇諾等波蘭城鎮舉行的街市。

「我在波蘭沒賺多少錢，但那裡的人很好。他們靠自己成就一切，跟我一樣。那裡有很多庫德族人，就像我的家鄉一樣。除此之外還有土耳其人、保加利亞人、俄國人與烏克蘭人。一直到二〇〇三年伊拉克爆發戰爭，我才不再去你的國家。」

「在伊拉克做生意是一生一次的機會。大家都害怕在那裡賣東西，但以前我都會去那裡的小城鎮，有時去的地方可能一個星期前還是戰爭前線。我會在那裡尋找銷售點，告訴自己：戰爭是戰爭，但一般人還是得穿鞋才能走路。我想得沒錯。」

「別的人現在才發現這個市場，但我都建立好人脈了。我賣鞋的地方在土耳其、伊拉克、敘利亞、約旦、俄羅斯、阿爾巴尼亞、波士尼亞……我給你市集上幾家店的地址，你們自己去看。我的鞋子跟伊朗的開心果賣得一樣快！」

我們去了，也跟買家聊了幾句。第一家店的掰掰布希鞋已經賣光了。

「我們一個星期可以賣兩百雙。」店主的兒子得意地說。

到了第二家店,銷售員先是長篇大論的怒罵布希:「我希望他做惡夢。我希望他睡不著，一直痛苦到他死的那一天。他在伊拉克殺了那麼多人，死後應該下地獄，去跟希特勒和史達林在一起。你說你是從波蘭來的？那意思是你的雙手也沾滿鮮血。我希望你的孩子以這場戰爭為恥。」

我放棄，走進了第三家店，店址位於阿克薩賴區的中心。在共黨統治的年代，波蘭交易商的皮革與牛仔褲就是由那裡供應。據說那一帶還有一家店以波蘭文為名，叫做Boniek，** 但今天在當地稱霸的是俄國人。

「掰掰布希鞋嗎？當然有！棕黃色、黑色或咖啡色都有。全部都有品牌標籤，還附帶給小布希的簡短告別語。」銷售員努力推銷著產品。「你想跟顧客聊嗎？歡迎！這裡有位客人跟我們已經變成朋友了。穆罕默德！過來跟這家報社的人講點什麼！」

---

* 文中的華沙十週年紀念是慶祝二次大戰終戰與共黨統治十週年。

** Boniek應是指波蘭足球明星日比格涅夫・博涅克（Zbigniew Boniek）。

你們的國王曾經幫我們繫鞋帶

「在土耳其文中，美利堅合眾國被稱為ＡＢＤ，Amerika Birleşik Devletleri。」穆罕默德一開口，店裡每個人都側耳傾聽。他在街頭賣simit，也就是上面灑滿芝麻的麵包圈。但他讀過高中，據說還上過一年大學，在當地商家間地位崇高。

穆罕默德毫不懷疑，ＡＢＤ現在是全球棋盤上最重要的玩家。

「但是曾經，土耳其就是ＡＢＤ。我們統治全世界，從貝爾格勒到麥加都是我們的。維特多，你知不知道我們曾經一路打到維也納？」

我猶豫了幾秒，不知道是否要繼續談這個主題，因為這一定會傷害土耳其人的自尊。不過，也沒什麼好怕的。

「我知道。是我們波蘭的國王把你們逐出維也納。」

穆罕默德看著我，彷彿我是偶然會在清真寺外晃蕩的瘋子。

「維特多，你是頭腦不清楚嗎？你們的國王？那個波蘭傢伙？他只配幫土耳其的耶尼切里軍團綁鞋帶。」穆罕默德大笑出來，銷售員與其他客人也跟著笑，他們圍成的圈子愈來愈大圈了。

這次是我的自尊受損。

「但是他在維也納之戰大敗土耳其！」

穆罕默德雙手往上一擺。

「我們是自己擊潰自己的。有一個高官跟另一個高官起了爭執。當時宮廷派系之間的內鬥很兇，蘇丹也沒有加以抑制，我們就這麼分崩離析。無論如何，我們一定很會吵架。但當我們還是ＡＢＤ時，至少大家的機會均等。奴隸變成蘇丹的事也時有所聞，不論這個人是波士尼亞克人、切爾克西亞人，還是庫德族人。如今出生貧窮的人，死時依然貧窮。而他們把這個稱為民主。」

我們的羊好得很

穆罕默德離開後，有位女性顧客悄悄走近我。

「你是報社的人嗎？你知道我們的科學家複製了一頭羊嗎？」她低聲問我。

什麼！我還以為是英國的科學家。

「他們是最早複製出來的，」這名顧客同意我說的，原來她是一名生物老師。「但是他們的桃莉羊一年後就死了。我們的歐亞莉現在兩歲了，狀況還很不錯。在我看來，你們西方就是這樣，什麼東西的品質都很差。掰掰布希鞋可以穿至少十年，但我腳上這雙義大利進口的鞋才一個星期就壞了——你看。」生物老師給我看看她的鞋子，縫線處已經開口笑了。

「義大利？小姐，不好意思，我表親就在伊斯坦堡市郊做這種鞋。」銷售員突然說了一句。

生物老師對我和他嗤之以鼻，不屑地走掉了。

掰掰布希鞋是抗爭的象徵

我就老實說吧——貝丹的鞋根本是劣質品。我不信這些鞋子會比那名生物老師來自伊斯坦堡市郊的「義大利進口鞋」長壽。貝丹的鞋以劣質的人造皮革製成，鞋底厚到只要是比花園小矮人高一點的男性，看起來都像是為了增高而穿的。現在加了標籤以後又更醜了。標籤是金黃色的，上面就寫著「掰掰布希」。

但貝丹和所有土耳其的生意人一樣，是把缺陷化為優點的大師。

「這種鞋子很便宜，只要三十美元。因為如此，它才能象徵窮人對富人的抗爭，」他一邊說一邊偷看藏在抽屜裡的小抄。「我的鞋子已經成為這場抗爭的象徵！」他讀道：「我的公司將支持中東各國對話。我將對巴勒斯坦人、車臣人和加薩走廊伸出援手。掰掰布希鞋將是爭取世界和平的一項武器。」

至於具體來說，貝丹鞋業將如何對世界領袖發揮影響力，這一點老闆不願透露。他看出我對他預言的未來沒什麼反應，關上抽屜，遞給我一根香菸。

帕慕克汙衊全國

「中東和平？在我們這輩子不可能。」伊斯坦堡的學生潔內普說。「這雙鞋是我要買給我爸的。他以前是個軍官，最近剛退休。他也認為以色列人和阿拉伯世界永遠不會達成協議。」

「你說他為什麼需要新鞋？因為土耳其也有不少讓人想丟鞋子的人。」潔內普說，一邊用手掌掂量一隻掰掰布希鞋的重量。「幾個政治人物、一些歌手，還有那個該死的帕慕克。」

政治人物很好理解，他們總是在搞些鬼名堂。歌手嗎？他們唱歌經常失去音準。但是拿過諾貝爾文學獎的作家哪裡惹到這位學生了？我們離開鞋店一起去喝杯咖啡。我請潔內普為我上一課，說說文學與生活的交集。

「首先，他這輩子沒做過一天工。他來自有錢人家。有些作家得餓肚子才能繼續寫作。為什麼沒人頒諾貝爾獎給他們？」

我說，如果只頒給窮人，那就是援助而不是諾貝爾獎了。潔內普搖搖頭。

「你知道帕慕克為什麼得獎嗎？因為他污衊土耳其人！他嘲笑我們以自身歷史為榮，嘲笑我們持續紀念土耳其軍隊最輝煌的勝利，也嘲笑我們在東方與西方之間找不到安身之處。作家應該強調他們國家優秀的地方，但他卻嘲笑我們的所有鄙薄之處。不過，最讓我受傷的是他污衊阿塔圖克。」

潔內普幫我複習了一下：在第一次世界大戰之後，鄰國本來想瓜分土耳其，但阿塔圖克阻止了他們。他還推動改革，讓土耳其更靠近歐洲。

「土耳其不能改變他傳達的任何訊息！」這名前任軍官的女兒激動地說：「如果有人中傷他，那就像是有股電流通過我的身體。才不過五年前阿塔圖克還是神聖的，如今嘲諷他的帕慕克卻拿了諾貝爾獎，還有個假導演拍了一部電影。在片中，阿塔圖克不僅喝醉酒，還行為不端。」*我不在乎他是否真的喝醉酒！我不想知道他的那一面！等等，我的朋友來了。

他很聰明，一定可以告訴你一些有趣的事。穆拉特！」

穆拉特是潔內普的大學同學，主修教育。

「西方？我幾乎每天都會接觸到西方。我家鄉阿蘭雅在海邊。那裡有數以千計的觀光客。看到你們怎麼對待女性時，我整個人都火起來了。」他告訴我。「你們的女人可以隨便跟男性說話，有人打招呼她還會微笑回去！

「她們人在國外，只是想要表示友善。」

「只有妓女才會跟每個人都眉來眼去。但你們西方人是怎麼當丈夫的？我的朋友只要遇到西方人就跟他們開玩笑。你是哪裡來的？波蘭嗎？我跟一個波蘭女孩睡過……怎樣，你難道不想說點什麼嗎？」

「要我說什麼？你這走運的傢伙……」

「老兄，我剛剛在汙辱你欸！」

「有嗎？」

---

* 文中所指應為詹・敦達爾（Can Dündar）拍攝的電影《穆斯塔法》（*Mustafa*）。該部片呈現出阿塔圖克私底下一面，在土耳其引發劇烈爭議。

「這就是了——你們西方人什麼也不懂。土耳其人會為那樣一句話直接給你臉上一拳。那就好像我汙辱了你的家人。」穆拉特說著，逕自走開了。

「很多男性的想法都是這樣，尤其在鄉鎮地區。」潔內普說：「那跟部落關係很像，同一個部落的人都是你的親人。說到女性如何被對待，」潔內普接著說，然後停下來想了一下，「我其實跟西方站在同一邊。」

一個總統朝另一個總統丟鞋子

在孟塔達爾做出偉大事蹟的一個月後，印度的內政部長也被一名記者丟鞋子。下一隻鞋子是朝造訪劍橋的中國總理丟去。接著是巴西總統威脅要用鞋子丟委內瑞拉總統。「你要是聲明稿的長度超時，我就丟過去。」他在某次南美洲高峰會上說道。

在伊拉克的城市提克里特，一名當地藝術家樹立起掰掰布希鞋的紀念碑。美國有些反布希的年輕人戴上了鞋子徽章。

拉馬贊．貝丹開始刮體毛、噴香水。有人向他求婚（一名同樣討厭小布希的有錢美國女士）、有人邀請他談一場戀愛（一位幫他拍過鞋子廣告的模特兒）。這兩個人他都拒絕了。現在除了管理公司，他沒時間做其他事。

而他的公司開始應接不暇。在那次著名的丟鞋事件前，每年二七一鞋款平均銷售五千雙。但自從那雙鞋成為掰掰布希鞋後，他們在短短六個月內已賣出三萬多雙，而且多數都銷往……美國。

「討厭小布希的人會把鞋子放在電視機上，」貝丹說。「我只是擔心鞋子在伊拉克的銷售成長不佳。伊拉克人不相信那是我的鞋。如果能說服他們相信，我也許可以贏得伊拉克三分之一的鞋市場。就跟海珊的裁縫師一樣，自從海珊接受審判以來，他的西裝就稱霸伊拉克市場。」

「他的裁縫是哪一位？」

「他的名字叫雷傑普．傑蘇爾。我給你他的地址。」

海珊品味絕佳

外套尺寸——五十六

腿長——一百一十二

身高——一百八十六公分

鞋子尺寸——四十五

禿頭的庫德族裁縫師雷傑普．傑蘇爾如數家珍地報出這些數字。

「不是因為這些數字跟海珊有關，」他強調：「我記得每個常客的尺寸。」

他的店面位於蘇丹艾哈邁德區的著名市集內，這幾年當地人潮總是爆滿。在店內不可能安靜談話，所以我們去看看幕後製程。傑蘇爾帶我看一個奇妙的東西：海珊最後的西裝，但始終沒有人來取件。

「在接受審判前，他的堂親跟我訂了八套西裝和襯衫。我不知道那是不是給海珊穿的。他全家都在這裡做衣服，而且這次他們給的西裝尺寸和平時不同。但在看到他瘦弱憔悴的模樣後，我恍然大悟。他想要在出庭時看起來體面，所以只穿我的西裝。只有這一套我來不及送去給他。」

傑蘇爾為海珊、他的內閣成員，甚至伊拉克足球隊擔任裁縫數十年，不過他真正開始豐衣足食，還是要拜這名伊拉克前總統的審判所賜。

「每次海珊伸手去拿筆，攝影機就會拍到縫在他西裝上的品牌標誌，那是我公司的標誌。」這名裁縫得意地說。「有個記者推算要是花錢買這樣的廣告機會，應該得花到六百萬美金。之前我們每年銷售一萬兩千套西裝，但審判過後數字增加了五倍，主要是在中東成長。」

「海珊因為殺害庫德族人而被判死刑，結果幫他做西裝的人是一位庫德族人，這是不是有點弔詭？」我問他。

「海珊不知道西裝是誰做的。至於我，在商言商，不應該跟政治混為一談。」

歐盟想要擊垮土耳其

我回到銷售掰掰布希鞋的店家。有一名時髦的男士正在試穿一雙黃褐色的鞋子。他以流利的英語邀我喝杯咖啡，一坐下來就把領帶扯下來。

「打領帶時，我是伊斯坦堡某機關的公務員。不要寫出來是哪個機關。下班後，我就是名叫穆拉特的普通老百姓。我想要以公民身分回答你的問題，」他說，一邊把藍色領帶掛在椅背上。「你說小布希被丟鞋嗎？發生那件事真是太好了。那傢伙做了我們所有人都想做的事，只可惜他沒打中。我買了幾雙鞋，很期待歐盟官員造訪。為什麼？因為你們的目標是剝奪土耳其的國家認同。」

正在喝咖啡的我差點嗆到。

「抱歉，你說什麼？」

「你們就是想那樣做！你們知道土耳其是個強大的國家，再過幾年就能狠狠超越整個歐洲。所以你們跑來這裡推廣保險套、同性婚姻和不用承擔義務的性行為——全都是為了讓我們少生小孩。」

「又或許是為了少生一些餓肚子而沒人要的小孩？讓每個人都能依照自己想要的方式生活？」

「你想糊弄我，西方人都這樣。土耳其沒有小孩餓肚子。伊斯蘭信仰教導我們要照顧窮人，我們也做到了。但是歐盟在我們這裡推廣偏差行為。那些變態每次在伊斯坦堡遊行中都會帶歐盟旗，一定是有原因的。我們的總理說：『我們加入歐盟吧，他們會給我們很多錢。』但代價是什麼？有個代表團來到我們辦公室，包括一名法國女性、一個比利時人，還有一個來自盧森堡的男性。他們一來就開始大放厥詞：『你們的官僚習氣嚴重，一定有貪汙腐敗。我們會打擊貪汙腐敗。』」

「我老闆一整個星期都讓他們在走廊上等。他說他沒時間開會，最後他們沒見到他就得離開了。他讓他們明白誰才是這裡的老大。我們的官僚體系有五百年傳統，從鄂圖曼帝國時代延續至今，輪不到歐盟教我們怎麼做！」

「我承認，我曾經對西方充滿欽佩。但在漢堡住過一年後，我發現沒有哪裡比土耳其更美麗或富裕。你們嫉妒我們，才想要我們加入歐盟。這樣，土耳其就歸你們管了。」

「西方有任何讓你喜歡的地方嗎？」

穆拉特很認真地想了一下。

「一開始我喜歡歐巴馬，但那已經是過去式了。因為他跑來伊斯坦堡說：『歐盟必須接納土耳其！』哈囉！土耳其不是他的國家，不關他的事！他可以說他喜歡我們的古老遺跡或我們的料理。但我們要何時加入哪個組織，應該由我們自己決定。不久前國內針對這件事的民調顯示，現在有超過百分之六十的土耳其人根本不想跟歐盟有任何關係。」

下一場危機將拖垮你們

哈里勒與拉比婭也反對歐盟。

「我覺得加入歐盟會得不償失。」哈里勒說。他們兩人住在科尼亞，哈里勒有一叢修剪整齊的穆斯林小鬍子，拉比婭則戴著頭巾。他們來這裡逛街購物。哈里勒的父親經營了一家服裝店。「你們的時代要結束了！」哈里勒又加一句，拉比婭端莊地垂下眼神。「小布希的年代已經過去了，你們的時代也即將結束。維特多，你們西方人全部都是。」

他們倆結婚六個月，從沒去過西方，對西方也沒有任何好奇。但哈里勒曾經到敘利亞朝聖。

「一開始看到丟鞋攻擊事件時我非常憤怒。你們派坦克、轟炸機和精銳部隊來對付我們穆斯林。我們的回應居然是試圖用一隻鞋子砸你們。連小布希都覺得好笑。」

「但是有一名睿智的穆拉跟我解釋，*他說：『西方會自我毀滅。』不到十年，沒人會記得你們曾經是世界強權。理由一，因為你們不想生小孩；理由二，因為你們日子過得太好了。有句諺語這樣說，餵飽的獅子會忘記如何獵食。也許你們會度過這次危機，但下一次就沒辦法了。理由三，你們吃豬肉。你可以笑，但先知穆罕默德禁止我們吃豬肉是有道理的。豬很髒，會傳播疾病。任何一次新的豬流感大流行，都可能是你們的最後一次。」

「關於豬，那個男的可能說得沒錯，」伊瑪目尤蘇夫聽完我轉述的對話後告訴我：「關於你們文明的崩潰……其中或許也有點道理……穆斯林很不喜歡你們西方人的自以為是，總認為自己的文化、自己的民主、自己的想法最好。在我們這種有豐富傳統的國家，這種態度一定會讓人反感。當波蘭還只有猴子在樹梢間跳來跳去時，底格里斯河與幼發拉底河畔已經發展出文明。這兩條大河都流經土耳其，你們應該尊重這一點。」

「大師，波蘭從來沒有過猴子……」

「維特多，你讓我覺得很煩。你最好還是走吧。」

土耳其式的混合

社會學者哈蒂潔．厄茲圖爾克博士指出：「土耳其男性是一種奇特的混合體，既有對過往的驕傲，也有對現代的各種情結。我們都為過去曾是強大的國家感到自豪。」她說明。「今天，可以讓我們感到驕傲的理由少了很多。沒錯，我們贏得歐洲歌唱大賽、足球也踢得不錯。但蘇丹的軍隊一路征伐到維也納的日子已經一去不復返。」

「但你也要知道，只有特定一種人才會去買掰掰布希鞋。你會在那裡碰到那麼多宗教信仰強烈的人是有原因的，也是因為這樣，他們才會尖銳地批評西方。土耳其有數十萬人過著

* 穆拉為伊斯蘭教士或學者。

很不錯的『西式』生活。我自認是那一種人。不過我也得承認，你要是針對土耳其料理或阿塔圖克說什麼難聽的話，那會深深冒犯到我。」

歐巴馬與杏桃

小布希在出訪伊拉克三個月後，歐巴馬來到伊斯坦堡。總統專機起飛後過了一個小時，馬拉蒂亞市長辦公室的電話響起。

「阿赫梅特，你看到新聞了嗎？」

「沒有，怎麼了？」

「歐巴馬吃了一顆杏桃。他在市集自己拿了一顆。」

「那又怎樣？」

「看在真主份上啊，阿赫梅特，那是**你的**杏桃！」

馬拉蒂亞是全世界最大的杏桃產地。那天，市長辦公室組成了特別委員會。兩天後，一些學生展示他們設計的海報。又過一星期，報紙上出現歐巴馬身邊環繞馬拉蒂亞杏桃的照片。

「他知道什麼是好東西。」急就章的廣告標語如此宣告。
「你們討厭我們，但你們的肯定對我們卻又如此珍貴。」厄茲圖爾克博士微笑著說。

納辛

土耳其最偉大的詩人有個波蘭姓氏——博任茨基。他曾寓居於波蘭的國會建築裡。即使對土耳其文一竅不通，偉大的波蘭詩人朱利安．圖維姆還是會出神聆聽他的詩句。詩人兼軍人瓦迪斯瓦夫．布洛涅夫斯基會邀他一起喝酒。住在奧斯特羅文卡郊區的女子哈莉娜還寫過一封信給他，說想和他一起生活、生下他的孩子。

這不令人意外。納辛．希克美．博任茨基是一段活生生的傳奇。他在獄中待了超過十年，只為了捍衛共產主義。他的公開朗讀活動吸引大批人潮，每一次出版新詩集也會造成轟動。

這名土耳其詩人總是強調波蘭人是好客的民族，而且波蘭的風景地貌優美。但他也坦言，遠離伊斯坦堡的生活對他而言並不容易。他思鄉情切，但已經斷了所有後路。

阿塔圖克

1

要講述這名偉大詩人的故事，我們必須稍微回溯時光，來到第一次世界大戰。當時，面臨崩解的鄂圖曼帝國已經參戰，與德國屬於同一陣線。

「蘇丹的軍隊節節敗退，鄰國與列強正在瓜分我們的國家，好像他們是廚師，把烤肉叉上的烤肉一片片割下來。」來自伊斯坦堡的歷史學者蘇萊曼・阿克恰伊描述：「蘇丹嚇壞了，於是簽署了投降條約，將愛琴海岸割予希臘，並任由協約國、亞美尼亞人與庫德族人瓜分東部。」

阿克恰伊講述這段歷史時非常投入，彷彿他親身參與這些關鍵事件。他比手畫腳、壓低嗓音，並穿插戲劇化的停頓。很難相信他描述的是將近一百年前發生的歷史事件。只要在談話中出現阿塔圖克，土耳其人的反應就是這樣。

「有一群青年軍官不願讓國家四分五裂。在富有領袖魅力的穆斯塔法・凱末爾登高一呼下，他們起而奮戰，」阿克恰伊說。「多虧凱末爾的軍事長才，他們戰勝希臘，並廢除蘇丹的權力。穆斯塔法・凱末爾成為了第一任總統。」

之後的故事每個土耳其孩童都能背誦出來，即使他們是在半夜被挖起來也一樣。凱末爾當上總統後，為自己設定極高標準。他的目標是在十年內將一個蒙昧的巨靈改造成為現代國家，並將戴著氈帽的傳統土耳其人改造成新土耳其人——與所有人平起平坐的歐洲公民。直到今天，這個計畫的格局之宏大，依然啟發許多世界領袖，包括伊朗退位的國王穆罕默德・禮薩・巴勒維、突尼西亞第一任總統哈比卜・布吉巴、巴基斯坦前總統佩爾韋茲・穆沙拉夫，以及較晚近的喬治亞總統米哈伊爾・薩卡什維利。

「他的改革方式在全世界無人能比，」阿克恰伊說。「他捨棄伊斯蘭曆改用西曆；他捨棄伊斯蘭教法而改採現代刑法；他捨棄神職人員領導的政府而改採世俗主義。他賦予女性投票權，遠遠早於歐洲某些國家。他以拉丁文字母取代阿拉伯字母。人民必須擁有土耳其姓氏。他自己也改了名字，從一九三四年起改姓氏為阿塔圖克，意指土耳其國父。」

2

阿塔圖克的改革徹底顛覆了土耳其國境內所有人的生活。

「這些措施不能說是真的改革。」我的土耳其朋友說：「比較像從無到有創造一個國家。一直到當時，我們都還是伊斯蘭世界的中心，負責維護麥加與麥地那。突然間我們卻成了向宗教宣戰的國家。」

這種改變從何而來？一九二〇、三〇年代，全世界都在問這個問題，於是土耳其政府派遣使節，向他國外交人員說明這些改革的內涵。「伊斯蘭信仰的合一性是個迷思，只能透過重生的土耳其開啟國族新篇章。」土耳其使節對駐柏林的波蘭外交團解釋：「我們將不再是一個屬於宣禮員和後宮妃嬪的國度。如此一來，將土耳其人與現代生活分隔開來的人為高牆便將倒下。」*

阿塔圖克的行動證實了那名使節所言為真。他毫不猶豫地派出軍隊，命令他們對拒不脫下氈帽的男性開槍。**「文明且國際化的服裝才適合我們的民族，我們將穿上這些服裝、腳上有鞋，身上穿長褲、襯衫、領帶、外套與背心，當然也要戴上有邊簷的頭飾，讓整套服裝完整。我希望這點夠明確。這種頭飾稱為帽子。」一九二五年，土耳其國父在推出所謂的「帽子法」時說明。

在另一個場合，他對穆斯林的面紗提出批評：「我看過女性在頭上戴像是毛巾之類的東西，用來遮住臉部……這樣的行為是為了什麼，又有何意義？身為母親和女兒的女性，真的能接受這麼奇特的習慣或如此野蠻的態度嗎？這是個奇觀，讓整個國家成為嘲諷的對象。」

這些話讓那名伊斯坦堡的歷史學者阿克恰伊非常尊敬阿塔圖克：「他多麼有勇氣！連他

自己的母親都戴面紗！但她沒有活著看到這些改革。」

傑拉萊廷

1

講起曾經住在波蘭國會建築裡的詩人，我們還得回溯到更久以前的時光。那是一八七六年，當時勇敢的將軍穆斯塔法．傑拉萊廷在與蒙特內哥羅人交戰時，遭槍彈擊中腹部，死於沙場。

鄂圖曼帝國的戰士為他們英勇的指揮官哀悼。每次面對敵人時，傑拉萊廷總是站在第一線，手上的武器只有一把軍刀。

他有三匹戰馬戰死，自己則六度負傷。第一次受傷時他還不是穆斯林，沒有蓄長鬍，也

---

* 這句引言以及接下來的兩句引言出自馬辛．庫拉（Marcin Kula）教授寫的一本小冊子，名為《攀上山坡前往歐洲：論一九三〇年代的土耳其，兼及今日波蘭》（*Pod górkę do Europy. O Turcji lat trzydziestych – ale też trochę o dzisiejszej Polsce*），一九九四年於華沙出版。

** 氈帽（fez），又稱為菲斯帽，帽身為圓筒平頂無簷，通常帶有吊穗。

沒有纏頭巾。但那是上輩子的他。傑拉萊廷的本名為康斯坦提．博任茨基，曾是波蘭城鎮弗沃茨瓦韋克的神學院學生，並兼做行政工作。

他來自家道中落的士紳家庭，渴望成為畫家。他具有藝術天分，也曾在華沙美術學校就讀兩年。但他的家庭無法負擔這種昂貴的興趣，於是他只能放棄繪畫，準備成為神父。

然而，在一八四八年，年輕的博任茨基逃離神學院，加入大波蘭起義。起義失敗後，他遠赴海外，在巴黎受到以蘭伯特宅邸為據點的波蘭政治流亡者團體幫助，前往土耳其。他沒有對親人傳達隻字片語。東方歷史學者耶日．S．旺卡寫下博任茨基的傳記《來自列支斯坦的帕夏》，*根據學者猜測，博任茨基的貴族家庭始終無法原諒他擅自離開神學院。

到了土耳其後，這名昔日的叛亂者和其他數千名波蘭人一樣改信伊斯蘭教，在鄂圖曼軍隊中展開軍旅生涯。

2

博任茨基是一名出色的軍人，但也以作家身分闖出名堂。寓居海外後，他自問，土耳其到底位於歐洲還是亞洲？在《古老與現代的土耳其人》一書中，他給出了答案。

伯納．路易斯是首屈一指的專家，研究土耳其與其成為現代國家歷程中無數次的自我改造。根據他指出，博任茨基的這本著作是阿塔圖克改革的先聲。博任茨基比土耳其國父早了半個世紀，證明土耳其人與法國人或波蘭人一樣是歐洲民族。他將他的概念稱為「土耳其—雅利安主義」，** 並提出以拉丁字母取代阿拉伯字母的想法。

五十年後，阿塔圖克在博任茨基這本書中數百段文字的下方劃線，並在關於語言的章節旁寫下：「待完成！」

他也確實完成了目標，推動土耳其改採拉丁字母是他的重大改革之一。

歷史學者旺卡將博任茨基稱為土耳其人的祖先。

阿塔圖克提到傑拉萊廷—博任茨基時也說過：「這個波蘭人值得一座純金雕像。」

希克美

1

傑拉萊廷死後五十年，土耳其國父結束與希臘的戰爭，著手改革。同一時間，一群衣衫

* 列支斯坦為波蘭舊稱，帕夏為敬語，指鄂圖曼帝國的總督、將軍或高官。

** 雅利安指印歐語言民族。

襤褸的人從伊斯坦堡前往新首都安卡拉。他們是一群年輕的詩人，其中才情最高的人便是納辛・希克美。他的父親是一名將軍，祖父是阿塔圖克誕生地薩洛尼卡的末代土耳其總督，而曾祖父正是穆斯塔法・傑拉萊廷—博任茨基。

希克美和他的朋友想貢獻所長、支持新政府。阿塔圖克很欣賞他們的熱情。「他鼓勵他們『有所為』而寫詩，不要為寫而寫。」以希克美戰前生涯為論文題目的拉比婭・奇切克指出：「意思是要為了支持他的改革而寫。」

希克美很欣賞阿塔圖克。但是沒多久以後，無產階級的狂熱席捲俄羅斯。詩人前往莫斯科就學。他欣賞導演梅耶荷德的劇作、與詩人馬雅可夫斯基往來，深深傾慕列寧思想。

奇切克說：「多年後他回憶，他會成為共產黨人，是從伊斯坦堡徒步前往安卡拉的旅程開始。在那趟旅程中，這名出身富裕、備受寵愛的年輕男孩第一次接觸到貧窮，第一次看到沒錢買食物的人。他心中開始萌生一個想法：世界應該為這些人做出改變。從莫斯科回來時，他已經是個百分之百的共產黨人，要在博斯普魯斯海岸發動無產階級革命。」

2

一九三〇年代的土耳其政府日趨威權，他們與蘇聯的關係尚未到達劍拔弩張程度，但蘇聯有意往土耳其的方向擴張，這個意圖在土耳其絕對不受歡迎。

身為一名真正的激進派共產黨人，希克美不時因為自己的觀點而身陷囹圄。然而，阿塔圖克沒有忘記他是傑拉萊廷—博任茨基的曾孫，因此這名詩人每次都在入獄不久即獲釋。他以書信詩建立名聲，這些韻文信以一名年輕的衣索比亞男性為敘事者，寫信對象是他的妻子塔蘭塔．巴布。

生命是美好的事物，
塔蘭塔．巴布！
它是好美、好美的事物
如智慧之書等待我們了解
如一首情歌任由我們感受
讓我們如孩子般為之驚奇並且活著
活著，活著！

「他如此熱愛生命，愛到願意為它而死。」很多年後他的一名好朋友告訴我。

3

對土耳其詩壇而言，希克美就像把波蘭代表性的詩人米克瓦伊．雷伊、揚．科哈諾夫斯基與亞當．密茨凱維奇揉合成一體。做出這種比較的人，是希克美的朋友兼翻譯瑪戈莎塔．瓦本茲卡－科赫洛娃。

他像雷伊，因為正如雷伊之於波蘭詩歌，希克美是最早以口語化的土耳其文寫詩的人。在那之前，鄂圖曼帝國生產的都是些晦澀而華美浮誇的「迪萬詩」，*土耳其文則被視為農民的語言，地位低落。

他像科哈諾夫斯基，是因為他讓土耳其文臻於完美。耐人尋味的是，希克美學習讀寫的時候，土耳其依然使用阿拉伯字母，但他寫詩用的是拉丁字母。

他像密茨凱維奇，是因為他以普通百姓為寫詩的對象。除此之外，他的作品還富有浪漫主義精神。

專門研究突厥語言和文化的塔德烏什．邁達指出：「他的語感無與倫比。他的詩無法被翻譯，因為他太擅長將兩字並置，玩轉它們意義上的曖昧與發音的相似性。」

醫生

1

土耳其國父在一九三八年逝世。幾個月後，希克美被指控煽動士兵叛變。證據是什麼？原來一名軍校生床底下有一本他的詩集。審判結果如何？有期徒刑二十八年。

2

他在獄中的時候，破壞力巨大的第二次世界大戰輾壓全球。戰後一切才塵埃落定不久，歐洲就陷入鐵幕的陰影中。

下面這則笑話完美捕捉了當年的氣氛：

「爸爸，還會有第三次世界大戰嗎？」

「不會的，孩子，但我們會為了和平戰到最後一滴血。」

---

* 迪萬詩（Divan poetry），以深受波斯語和詩歌影響的土耳其文寫成，著重文學象徵手法與神祕主義主題，經常使用只有文化菁英才能了解的詞彙。

史達林秉持這個原則，召集了蘇維埃保衛和平委員會，該組織又以帶有惡趣味的「史達林先生的馬戲團」為人所知。委員會記得還有一名土耳其共產黨人身陷囹圄，而呼籲土耳其將他釋放。有些左派藝術家和文學家也為他爭取自由，包括畢卡索、聶魯達和沙特，全世界另外有數千人加入他們的行列。

土耳其在第二次世界大戰中保持中立。然而冷戰時期，土耳其宣告與西方站在一起。在北約組織成員國中，只有兩個國家與蘇聯接壤，其中一國便是土耳其，這成為極端緊張情勢的來源。多年來，俄國人一直嘗試顛覆土耳其。他們資助左翼極端份子、共產黨、還有爭取獨立的庫德族人。在土耳其，任何與莫斯科扯上邊的事都不受歡迎，更不用說共產主義。

儘管如此，在希克美被囚禁十二年後的一九五〇年，土耳其終於軟化。希克美獲釋出獄，但幾個月後又收到入伍令。他將到土耳其東部服役，當地氣溫可以高達攝氏四十度以上。

詩人受心臟疾病之苦已有多年。任何體力勞動對他而言都有危險。

「我必須寫下你身體健康，但你的心臟無法承受兵役。」醫生告訴他。

雷菲克

希克美別無選擇，只能逃跑。

他的好友雷菲克·埃爾杜蘭跟熟人借了一艘小汽艇，打算把詩人載去保加利亞，在當地申請庇護。

我在伊斯坦堡的咖啡館和埃爾杜蘭碰面。他年紀八十出頭，但體格可能連年輕人都會羨慕。

「納辛擔心我不知道怎麼開船。」他說：「但我做了功課。我的堂親在土耳其艦隊擔任指揮官，於是我跟他說我在核實一部電影劇本，主題是在土耳其和保加利亞之間航行的偷渡客。他什麼都告訴我了，包含巡邏艇在哪裡、如何避開、要怎麼不死在保加利亞邊境警衛的槍下。」

儘管如此，納辛還是不敢去。十年後，他在詩作〈自傳〉中寫道：「一九五一年，我和年輕友伴航入了死亡的利齒間。」*

* 原詩英譯見*Poems of Nazim Hikmet*, translated by Randy Blasing and Mutlu Konuk, New York, 2002.

「那是詩人自由發揮的創作。」埃爾杜蘭笑著說：「當天是個晴朗的七月天，天空萬里無雲。」

航行途中，兩人抽菸消磨時光。突然間天際出現一個小點，原來是一艘羅馬尼亞的船隻。

埃爾杜蘭說：「納辛開始大喊，說他的名字是希克美，要尋求庇護。船上的人以辱罵回應，因為他們為了我們不得不把整艘大船停下。過了好一會兒他們才弄清楚是怎麼回事。」

不過，船長並沒有行禮如儀地歡迎這名偉大的共產黨人，而是把他獨自關起來。

「這就是命運的反諷：那間船艙的牆上有一張他的海報，上面寫著：『釋放納辛．希克美！』」詩人的密友雅尼娜．瑪瓦霍夫斯卡說。

埃爾杜蘭與希克美等了好幾個小時，靜候發落。船長打電話到羅馬首都布加勒斯特，布加勒斯特的人又打去莫斯科，終於獲得指示。

希克美到了羅馬尼亞，從那裡前往蘇聯，獲得了熱情歡迎。雷菲克．埃爾杜蘭開著小汽艇又回到伊斯坦堡。在後來超過二十五年時間裡，連他太太都不曾聽他提過這場冒險。

史達林

1

在莫斯科，每個人都想討好希克美。在機場迎接他的包括政府代表和最有聲望的蘇維埃藝術家。

但是沒人敢帶他去見史達林。

這名土耳其詩人以直言不諱聞名，但史達林治理下的莫斯科與他學生時期記憶中的地方已大不相同。劇場只能上演史達林追隨者的劇作，整個國家也充斥他的雕像。

希克美在獄中度過十二年。對史達林主義一無所知。他很驚訝梅耶荷德與馬雅可夫斯基已經逝世。前者是一名傑出的劇場導演與革新者，在史達林的肅反運動中遭到槍決。後者是一名優異的詩人，在不明情況下死去，但根據官方說法是自殺身亡。

更讓希克美驚訝的是，他學生時期許多朋友離世時才不過五十多歲。蘇維埃同志問他在還在世的朋友中想見哪一位，他選擇了想法創新的電影導演尼古拉．埃克。*

* 尼古拉．弗拉基米羅維奇．埃克（Nikolai Vladimirovich Ekk，一九〇二—一九七六年），他拍攝的電影包含蘇

這個選擇讓當局相當頭痛。埃克被列入黑名單，已經不拍電影了。不僅如此，他還嚴重酗酒，詩人葉甫根尼．葉夫圖申科說他聞起來就像隻臭老狗。

不過，他的同志還是將他打理整齊到可以和國外來的客人見面。他們幫他修整指甲、塞了一把花到他手裡，帶他去見希克美。

「親愛的朋友，你都為電影做了什麼？」納辛問他。

「不知道為什麼，最近我比較專注於馬戲團。」埃克回答他。

2

希克美耐心等待史達林撥出時間和他會面。約定的日期前兩天，他參與了為他舉辦的招待會。在蘇聯停留的時間已經足夠到讓他知道，他無法忍受當地的氣氛。他從大老遠就能看透那些逢迎拍馬和口是心非的手段。他奉獻了一輩子為共產主義奮戰，但這不是他想像中的模樣。

在招待會上，他耐心聆聽其他文人對他致敬的發言，直到終於輪到他講話。「我的兄弟，我在獄中多年，夢想著莫斯科的劇場……在莫斯科上演的是一場從街頭革命轉變為舞臺革命的運動。但如今我在這裡看到什麼？一齣欠缺品味，名為社會寫實主義的劇作。我看到驚人的逢迎諂媚。逢迎諂媚怎麼可能是革命？過幾天我就要與史達林同志會面。我打算以共產黨人的身分坦白地對另一名共產黨人說，這些無止境的肖像與雕像應該清除一空。」

聽到這些話後，有些人驚駭地悄悄離開招待會場。主持人為了讓氣氛輕鬆一點，說道史達林可能也有不喜歡的雕像，並急忙邀大家舉杯對他致敬。

3

一天後，希克美接到克里姆林宮的電話。史達林同志透過身邊那些逢迎諂媚者告訴希克美，他忙壞了，必須取消會面。

4

詩人終究沒有見到史達林，但這不表示史達林忘了他。

一九五三年，蘇聯大元帥逝世。兩年後，希克美邀請葉夫圖申科與另一名年輕詩人到他

聯第一部有聲電影《生之路》（*Road to Life*，一九三一年），該部片在一九三二年威尼斯國際影展贏得獎項。他也執導最早的彩色電影。史達林之死讓他得以重返導演工作，並實驗3D電影。關於希克美在蘇聯的生活，詳見：E. Timmes, S Göksu, *Romantic Communist, The Life and Work of Nazim Hikmet*, London, 2006.

在莫斯科近郊的鄉間小屋。

「他把電話線拔掉、鎖上了房門，」葉夫圖中科回憶。「但歷史撞開那扇門，硬擠了進來。」歷史以一名微醺老人的樣貌出現，那名老人在希克美面前跪下來。

「納辛，原諒我！」他大喊道，然後開始哭泣。「我必須坦承一件事！」

納辛把那名男子拉起來，對他說：「你什麼都不用做。」

但是那名男子覺得他非得做不可。

希克美初抵莫斯科後，那名男子被指派為他的司機。兩人之間的距離很快拉近，成為了朋友，不但會到彼此家中造訪，偶爾還會一起小酌一杯。

不到一年後，司機被帶到情報機構ＫＧＢ總部盧比揚卡大樓，由祕密警察頭子拉夫連季．貝里亞親自審問。

「你知道你幫誰開車嗎？」貝里亞說。

「一名偉大的詩人……蘇維埃聯邦的朋友。」滿心恐懼的司機這樣回覆，同時努力猜想審問者的意圖是什麼。

「他不是朋友！」貝里亞怒喊。「他想謀害史達林同志！但我們會殺了他！或者說得精確一點，是你會殺死他。」貝里亞指著司機說。

無論是酷刑或威脅都無法動搖司機，直到他太太也出現在盧比揚卡大樓，他才同意配合。從那一刻起，他每日每夜都在等待貝里亞人馬的訊號。

他接到過四通電話，指示他殺害希克美，但四次的命令最後都撤回。

「納辛面無表情地聽完這段往事，」葉夫圖申科回憶。「最後他說：『其實這沒什麼好說的。還是倒杯伏特加吧。』」

戈塔

希克美看得出來，只要史達林還住在克里姆林宮，他就最好盡可能遠離莫斯科。他成為保衛和平委員會最好的宣傳者，在世界各地旅行，造訪國會、參加剪綵活動。希克美逃離土耳其幾個月後，就在華沙首次露面。

波蘭的和平保衛者選擇一名突厥學研究者擔任希克美的翻譯。她的名字叫瑪戈莎塔·瓦本茲卡—科赫洛娃，但大家都叫她戈塔，她的碩士論文就是以希克美為題。如今九十三歲的戈塔回憶，一開始跟詩人合作時，她必須馬上就設定清楚的規則。

「希克美非常喜歡女人，於是我告訴他：『你是我的abi。』在土耳其文中，abi意思是哥哥，必須照顧全家人。他很喜歡這個稱呼，我們的關係也隨之變得明確。」說完她又補上：「他像個小孩，擁有純粹的善良，同時又非常天真。如果你在街上遇到他跟他討錢，他會給你很多。」

葉夫圖申科對希克美也有類似回憶。有一次希克美打電話問他需不需要錢。「我不需要。」葉夫圖申科說：「我這樣說傷了希克美的感情。『你確定？』他又說：『真可惜……我今天收到一張匯票，但給我一個人實在太多了。』」

戈塔說：「他賺很多錢，但如果能盡快把這些錢處理掉，他就會很高興。誰跟他要他就給誰。他是我至今所認識最好心的人。」

博任茨基

1

史達林並不急著賦予詩人蘇聯公民身分。另一方面，逃離土耳其已經讓希克美喪失該國的公民身分。這造成很大困擾，因為希克美想要遊歷世界。他在華沙的朋友知道他有位波蘭裔的曾祖父，於是他們在戈塔協助下，嘗試以此為由幫他申辦波蘭護照。

波蘭共產黨領袖博萊斯瓦夫．別魯特偶爾會和希克美聊天，他對這項計畫並沒有異議。他是否諮詢過克里姆林宮的意見？很難說，但很可能有。總之，在一九五二年，傑拉萊廷將軍的曾孫獲得波蘭公民身分以及一本護照，上面的名字是納辛．希克美．博任茨基。是誰簽名授權賦予希克美波蘭身份？一定是國務委員會，有可能別魯特也加上他的簽名，只是這份文件沒有在國家檔案庫中出現一絲蹤影。

然而，伊斯坦堡的希克美博物館保存了一本波蘭人民共和國的護照，照片裡的詩人面帶淺笑。他努力簽下博任茨基的名字，但從歪斜扭曲的字跡來看，他顯然不習慣這個姓氏。

在一九五六年，這本護照變得非常好用。當時波蘭發生「解凍」運動，* 瓦迪斯瓦夫．哥穆爾卡上位掌權。波蘭人相信他們終於要開始建立波蘭式的社會主義。希克美被他們的熱情感染，他很欣賞哥穆爾卡，在華沙待了一年多。他的不同傳記作者一致指出，那是他心中期待的共產主義開端。

根據波蘭詩人安傑伊．曼達利安的說法：「他對波蘭的氣氛高度讚揚。當時的蘇聯充斥糟糕的書寫狂熱，但我們珍視創作自由。他非常喜歡這點。」

* 解凍運動是指波蘭政府短暫的體制改革與社會自由化時期。

希克美有一丁點覺得自己是波蘭人嗎？一九五八年，他在國際媒體與圖書俱樂部的讀者見面會上說：「我擁有波蘭人的鼻子、變灰前曾是金色的頭髮，還有可能是波蘭浪漫主義的豐沛情感。」

一年後，他在接受Orka週刊的訪談中又說：「我有幾個國家可以選擇，而我選了祖父的故土。」

但他私底下告訴朋友，那是不得不然的選擇。

2

波蘭解凍運動期間，希克美加入波蘭作家聯盟。負責管理檔案的女士對他有點意見，因為他沒有填寫個人資料表格。此外，他的文件、文章與書信檔案都非常單薄。別的成員即使是平庸的詩人，都會有厚厚一疊。每個出名的詩人都會有好幾疊檔案，而且份量十足。

希克美的檔案裡只有兩封粉絲來信、他被接納成為聯盟成員的決議函（「令人震驚，」檔案管理員女士告訴我：「因為聯盟成員應該在波蘭生活與寫作」），以及一張照片。在照片裡，希克美穿著有民俗圖案的襯衫，正在跟作家維托爾．沃羅希爾斯基聊天。在他們後面抽菸的是馬賽爾．萊西—拉尼茲基，他是華沙猶太人隔離區的倖存者，日後成為德國文學批評圈的耀眼人物。

3

關於希克美，單薄的不只是他的檔案。人們對於他的記憶也同樣輕淺。

根據波蘭詩人茱莉亞・哈特維格描述：「他很高、體格很好，人也非常和善。以前他會在作家聯盟的食堂用餐。除此以外我幫不了你，因為我只記得這些。」

「詩人朱利安・圖維姆很喜歡他，」同為詩人的曼達利安說。「他對語音非常敏感，而希克美用土耳其文朗讀時非常優美。可惜，我也不記得其他關於他的事了。」

戈塔提到納辛結識了詩人瓦迪斯瓦夫・布洛涅夫斯基，布洛涅夫斯基來自普沃茨克，那時喝酒喝得很兇。希克美的朋友擔心他會慫恿心臟不好的希克美喝酒。

可惜，除了從俄文翻譯過來的幾首詩，我找不到這段友誼的任何證據。

其他波蘭作家的日記與筆記也有相似情況。密茨凱維奇、安東尼・斯沃尼姆斯基、雅羅斯瓦夫・伊瓦什凱維奇都沒有提到他。伊瓦什凱維奇是詩人與短篇小說作家，他與希克美頗為熟稔，曾將好幾首希克美的詩翻譯為波蘭文，也活躍於和平保衛者團體。我打電話給他的女兒瑪莉亞──

「你說是什麼名字？希克美？沒有，沒印象。」

關於希克美，我們的作家有個獨特的問題，或者該說是兩個問題。第一個問題是，他們已經對共產主義有疏離感，而希克美完全沒有。在第二次世界大戰與史達林主義當道的時代，他幾乎都在土耳其的監獄裡度過，做著關於共產主義下的莫斯科的白日夢。他不知道的事很多，他不想知道的事也不少。即使親眼見過史達林幹的好事，他也沒有從共產主義退卻半步。

第二個問題是他的詩。在政府宣傳中，他名列全世界最偉大的詩人行列。他與他們同為作家聯盟的成員，在那裡與他們共餐，但他們並不認為他的詩有多偉大。

一名波蘭詩人朱利安．普日博希評論希克美的詩「風格太過仿古，在波蘭無法贏得追隨者」。哈特維格則在探討他詩集的一篇評論中指出，希克美的詩被翻譯得太糟糕。她堅決認為將他的詩從土耳其文翻譯為波蘭文時，應該讓文字如散文一樣不間斷地流動。

戈塔此時已經壟斷了希克美詩作的翻譯工作，她不客氣地提醒哈特維格，她翻譯毛主席的詩作時，可沒有把它們變成散文。

然而，為了將這位新同儕納入國內文壇，波蘭作家將他比擬為他們國家最偉大的詩人——亞當．密茨凱維奇。首先是因為密茨凱維奇死於伊斯坦堡；再來是因為和思念故鄉波蘭的密茨凱維奇一樣，希克美也以優美的方法表達對土耳其的渴慕：

我的國家，我的國家！
我不再擁有一頂土耳其的工人帽，
也不再擁有我在故鄉穿的鞋子；
很久以前我就撕裂了最後一件
由希萊編織的布做成的襯衫。

這種比較聽起來有點意思，但卻被希克美本人粉碎。當記者問他對密茨凱維奇的想法時，希克美說他沒有想法，他從未讀過任何密茨凱維奇的作品。

加莉娜

希克美從年少起就為嚴重的心臟疾病所苦。在一九五三年，他經歷一次嚴重的心臟病發作，醫生好不容易才把他救回來。

不過，他就像個真正的陽剛土耳其男性一樣，連復原期間也不浪費任何時間。在療養院，他挽著一名年輕的女醫生一起去喝咖啡。從此他們每天都一起喝咖啡。加莉娜．科列斯尼科娃成為希克美的夥伴、醫生和女友，兩人一起到波蘭、捷克斯洛伐克、東德與匈牙利旅行。

到了華沙，他們住在眾議院的建築裡。

希克美的密友雅尼娜．瑪瓦霍夫斯卡說：「我在那裡的辦公室工作。希克美跟我抱怨他和加莉娜住的旅館空間很小。他的名字可以敲開許多大門，所以我幫忙安排了我們的賓館房間。那時我們幾乎每天在眾議院的餐廳碰面。服務生瑪麗夏總是說：『管他是不是希克美，他可真是個好看的男人！』」

加莉娜用崇拜偶像的眼光看他，而希克美把這種崇拜完全視為理所當然。這讓戈塔很不順眼，於是鼓勵加莉娜讓詩人吃點醋。

「別老是跟在他後面。去跟別的男人喝咖啡，再告訴他有多愉快。」戈塔說。加莉娜彷彿入迷般地聽著。

幾個星期後，在戈塔與瑪瓦霍夫斯卡陪同下，加莉娜帶希克美入住另一個療養院。希克美握住加莉娜的手，她就這麼把事情全盤托出：「納辛，戈塔說我應該去跟別人喝咖啡。但是我不想，因為我愛你，愛到要親你的屁股都可以！」

繆內芙爾

如果在今日，希克美會是八卦報紙的最愛。他的四任妻子中有三任為了他拋棄前夫，就連地球上運算力最強大的計算機，也無法算清楚他戀愛關係的總數。

然而，媒體報導最多的是他與叔叔的女兒繆內芙爾・安達奇的婚姻。突厥學學者塔德烏什・邁達跟繆內芙爾是朋友。「她是個非常美麗優雅的女子。」他表示：「她智識非凡、嗓音低沉美好，是典型的土耳其貴族女性。」

繆內芙爾在納辛仍在獄時去探視他。他獲釋後，她帶著女兒蕾南離開第一任丈夫。不久，繆內芙爾懷了希克美的孩子，兩人於是締結連理。

對繆內芙爾來說，納辛逃離土耳其就相當於她生命中的十月革命。* 土耳其當局相當震

* 一九一七年，俄國二月革命推翻俄羅斯帝國，之後布爾什維克發起十月革命推翻臨時政府，建立社會主義政權。

怒，而唯一能讓希克美難受的方式就是騷擾他的家人。繆內芙爾多次被傳喚審問，她的住家受到監視、朋友不敢跟她見面，也沒人願意給她一份工作。

最初幾年，納辛還會寫許多深情而思鄉的信給繆內芙爾。他最美的詩寫的都是他有多想念她和年幼的兒子。加莉娜知道，她待在詩人身邊的快樂時光，只能在繆內芙爾缺席的情況下持續下去。

不過，後來希克美與家人間的通訊逐漸減少，到最後幾乎完全停止。

維拉

1

希克美最後一段重要的愛情故事是這樣的。

他的朋友艾克貝爾．巴巴耶夫介紹他認識兩位莫斯科電影製片廠的女性員工。她們希望請教他關於阿爾巴尼亞民族服裝的問題，也藉此機會認識這位名聲顯赫的土耳其人。

「金髮的那位不錯，但她是洗衣板。」希克美對巴巴耶夫說。他們以韃靼語交談，兩位女士不可能知道他們在說什麼。

只不過，那位金髮平胸的女士曾在戰爭期間藏身在一座韃靼村莊，懂一些韃靼語，這點已足夠讓希克美非常難堪。

她的名字叫維拉·圖利亞科娃。

2

希克美第一次到維拉家是為了幫忙修正劇本。第二次他帶了一束花，為的是帶她去喝咖啡。

維拉已經結婚，不過這從未阻礙過希克美。史達林的女兒斯韋特蘭娜·阿利盧耶娃甚至將他稱為浪漫的共產黨人。

但已婚身分對維拉來說是個障礙。

希克美追求她好幾年。他以合作劇本或同遊海外的提議誘惑她，而且持續送花給她。經歷數年的寫作瓶頸後，他再次開始寫詩。

當希克美在華沙時，維拉終於軟化。她打電話給希克美說想見他。他立刻收拾行囊、取消所有會議，當天傍晚就搭上返回莫斯科的火車。

幾天後他翻窗離開了加莉娜，身上只穿著一雙襪子。

「他沒勇氣告訴我真相，」加莉娜在電話上告訴我：「有好幾個月，我整日整夜都以淚洗面。」

納辛與維拉共赴巴黎。盛怒的加莉娜像龍捲風一樣席捲希克美的公寓。她留下一團混亂和一張卡片，上面寫著：「你們兩個都去死。」

3

希克美的朋友不喜歡維拉。

「她就是有哪裡讓人不太喜歡。」雅尼娜．瑪瓦霍夫斯卡說：「加莉娜滿好的，人很友善。她以前還會幫繆內芙爾和她的孩子買衣服，因為她知道他們日子過得並不寬裕。維拉不一樣，她很高傲。」

一些人則回憶希克美和維拉如何摧毀了那段精心建構的神話。原先的希克美像是受苦的奧德賽，在邪惡命運的捉弄下，跟宛如潘妮洛普的繆內芙爾分隔兩地。

當他的潘妮洛普奇蹟般出現在華沙的布里斯托酒店時，神話更是被徹底粉碎。事情是這樣的——

喬伊絲

一九六一年初，希克美前往斯德哥爾摩出席保衛和平委員會的一場會議。義大利作家兼譯者喬伊絲．薩爾瓦多里．盧蘇吸引了他的目光，她是反法西斯抗爭運動的傳奇人物。

他們一起喝了一杯咖啡聊天。希克美朗讀自己的詩給她聽，鼓勵她翻譯成義大利文。

但讓盧蘇印象最深刻的是他太太的故事。

她決定採取行動。她飛往伊斯坦堡造訪繆內芙爾。在繆內芙爾簡樸的公寓裡，她看到整面牆從上到下都貼滿了納辛的照片。她與繆內芙爾共商逃離計畫。喬伊絲請她的百萬富豪朋友卡羅．朱里尼幫忙。

「你這輩子就難得幫別人做點什麼吧！」她告訴他。朱里尼笑著同意了。他將遊艇開到土耳其，由喬伊絲陪同繆內芙爾和她的孩子一起來到小鎮艾瓦勒克的港口。

那天晚上他們啟程航向希臘的萊斯博斯島，半途中卻遇上風暴。狂風撕裂了風帆，把小船吹得東倒西歪。一道大浪淹沒了甲板，所有人都跌入海中。死亡近在咫尺。

是希臘漁民將他們從水中救出。繆內芙爾到移民辦公室報到，自稱是姓氏為博任茨基的波蘭人，但她的身分文件在海中丟失了。在和平保衛者幫助下，波蘭當局證實了她的說法。

幾天之後，繆內芙爾從華沙發了一通電報給喬伊絲：「一切安好。」

這個訊息不盡然真實。

繆內芙爾

1

納辛沒有在機場迎接家人。在華沙機場接機的人是戈塔，她帶繆內芙爾來到市中心克拉科夫郊區街的布里斯托酒店。

詩人在次日早餐時抵達。他在哈瓦那代表和平保衛者頒獎給古巴領導者卡斯楚，剛從當地直飛回來。

那是繆內芙爾首度得知她的丈夫和別的女人在一起。

2

此後，納辛與繆內芙爾唯一談論的主題就是詩。

3

希克美希望繆內芙爾在東德的萊比錫安頓下來，他可以在那裡幫她找到土耳其廣播電臺的工作。

但繆內芙爾寧願待在華沙。她和孩子將姓氏改為博任茨基，和平保衛者幫她在華沙舊城區找了一間公寓。

當時，華沙大學東方學系教授塔德烏什・邁達還是新進講師，他得知該系將迎來史上第一位來自土耳其的講師後大感驚訝。接下來讓他更驚訝的是，他得知這名講師是享譽文壇的納辛・希克美之妻。

繆內芙爾在華沙大學講學八年。她與邁達合著了一本土耳其語言教科書，又與戈塔和斯塔尼斯瓦娃・普瓦斯科維茨卡－雷米耶維奇共同出版了《土耳其文學史》。

直到今天，這本書依然是所有研究土耳其的年輕學者必讀之作。

4

沒人感謝喬伊絲的好心。

還在華沙的納辛寫信給她，說她應該上天堂，即使「教宗不會同意」。他接著引用一名庫德族牧羊人的故事。這位牧羊人來到富人家中，富人慷慨招待他，而牧羊人知道自己永遠無以回報。這讓他非常煩惱，最後決定割斷富人的脖子。

「我覺得自己就是那個庫德族人。」納辛在信末寫道。

繆內芙爾寫給喬伊絲的信更為苦澀：「現在納辛就像擁有兩個妻子的帕夏，而我是愚蠢的那個人……」

多年後喬伊絲回憶：「曾經，他鍾愛妻兒的故事讓我們所有人都心碎不已，最後這個故事卻如一顆石頭般永遠沉到井底。」

帕慕克

繆內芙爾在一九六八年的反猶運動中離開了波蘭。她從母親身上遺傳猶太人的血脈，儘管沒有人因此把她趕走，但她對波蘭瀰漫的反猶氣氛深感厭惡。

她到了巴黎後，著手進行將土耳其文學翻譯成法文的工作，包括希克美大多數作品。她的翻譯被視為傑作。希克美在巴黎名聲鵲起，主要得歸功於他的前妻。

一九八〇年代初，她是第一個慧眼看出年輕的奧罕·帕慕克深具才華的人。她翻譯了他的作品，為他打開西方世界的大門。

「你不必懂得法文，也能感受到這些譯文有多出色。」後來贏得諾貝爾文學獎的帕慕克如此評價繆內芙爾。

梅梅德

1

希克美在保加利亞的一次旅途中，曾寫了這首詩：

我的國家——在海的對岸
我呼喚你 我從瓦爾納呼喚你
梅梅德 梅梅德
你聽到我的聲音了嗎 梅梅德
黑海持續流動
噢 熱烈的盼望 瘋狂的渴求

噢兒子，我哭喊，你能否聽見我從瓦爾納呼喚你

梅梅德 梅梅德

希克美只有一個獨子，是他和繆內芙爾生下的梅梅德．希克美。當詩人逃離家鄉時，梅梅德還是襁褓中的嬰兒。

希克美在莫斯科家中的床鋪上方掛著兩張大大的照片，照片中的梅梅德身穿條紋襯衫、面露微笑。有時詩人會一連躺在床上好幾個小時，凝視自己的兒子。

2

一九七〇年代，梅梅德．希克美接受訪問，講述他和父親在華沙布里斯托酒店的相會，受訪內容刊登在土耳其的《民族報》。那是他唯一接受過的訪問。

第一次會面時，納辛朗讀自己的詩，也分享了在古巴的幾則軼事。他沒有問梅梅德任何問題；事實上，他幾乎沒有理睬他。對於從小就學會要崇拜父親的小男孩來說，那次會面一定是個震撼。

後來，梅梅德覺得父親似乎和隔了幾桌外的某位女性眉來眼去，「看起來對自己雖然年

長卻依然有吸引力頗為得意」（當時希克美也不過五十出頭）。

3

當希克美和繆內芙爾在談話時，梅梅德與蕾南由戈塔的女兒芭芭拉與阿格涅什卡照顧。

「我們以前會帶他去散步，有時去瓦津基公園，有時到舊城區。」阿格涅什卡．科歇─亨瑟爾說。她記得有些波蘭字梅梅德發不出正確的讀音。

繆內芙爾在波蘭有很多工作要忙，所以梅梅德被送去外交官子女上的寄宿學校。他以閃電般的速度學會波蘭文，包含文言和白話，但並不總是能區分兩者間的差異。

「他在寄宿學校待了一年後，跟我們一起去到克里尼查謨爾斯卡度假，住在我阿姨家，」科歇─亨瑟爾說。「梅梅德熱切描述他參與過的一次降靈會如何召喚出一個鬼魂，我阿姨聽了之後說：『梅梅德，沒有鬼魂這種東西！』梅梅德回覆：『阿姨，要是你的茶杯開始胡說八道、扯些狗屎事情，你會怎麼說呢？』」

維拉

1

希克美愛上維拉時，有位醫生朋友警告他：「你要是容許這段戀情發展下去，將活不過三年。」希克美只是報以微笑。

一九六〇年，他拿到等待已久的蘇聯護照，終於可以跟維拉結婚了。他們前往登記結婚的途中，司機問他：「希克美同志，你在牢裡待了那麼多年，為什麼還想陷入另一種被奴役的形式？」希克美依然只是微笑。

2

納辛・希克美・博任茨基死於一九六三年六月三日，距離他與維拉的婚禮正好滿三年又兩個月。從他逃離土耳其以來已經過了十二年。直到他辭世那一天，他始終沒有再踏上土耳其的土地。

梅梅德

1

梅梅德，
我的兒子，
我把你交托給
土耳其共產黨。
我離去
於平靜中。
我瀕臨結束的生命
將在你身上存續一段時日*

納辛不只把兒子留給土耳其共產黨，還把他作品版權的四分之一份額給了共產黨。另外

* 原詩英譯見*Poems of Nazim Hikme*。

四分之三則留給繆內芙爾和梅梅德，維拉繼承了他在莫斯科郊外的鄉間小屋。

在葬禮上，梅梅德堅強地撐過數小時的致詞。直到蓋棺前親吻父親時才痛哭出聲。

之後五年，他和母親固定參與紀念他父親的活動，有時在國際媒體與圖書俱樂部，有時在作者之家。

一九六八年，他們一起離開華沙前往巴黎。梅梅德成為畫家。一九八〇年代初，戈塔的姊姊芭芭拉．瓦本茨卡到巴黎造訪他們母子。

「繆內芙爾生活清簡。我話不多，她也不是一個熱情洋溢的人，所以我們找不到什麼話題。當梅梅德抵達後我馬上鬆了一口氣。後來我們一起搭地鐵，他一直問我：『我的波蘭語還可以嗎？莫科托夫區的腔調還在吧？』我根本不知道什麼是莫科托夫腔調，但我不想讓他難過，所以告訴他還聽得出來。」

2

繆內芙爾．博任茨基在一九九六年逝世。

二〇〇二年，梅梅德．希克美．博任茨基申請恢復土耳其國籍獲得批准。如今他在伊斯坦堡和巴黎兩地居住。他和很多親戚不合，他們不明白為什麼他不願談論自己偉大的父親。

我亟欲和梅梅德見面。我設法找到他的一些土耳其和巴黎友人，以及聲稱和他仍有聯繫的兩名波蘭時期同學。我也找到他同母異父的姊姊蕾南，他在波蘭的前幾年與她同住，如今蕾南生活在伊斯坦堡。

但這一切都是徒勞，梅梅德的朋友斷然拒絕幫助我聯繫他，在談及有關他的回憶時也不時加入一句「這個不能公開，那個也不行」。幾天後，也許是在與梅梅德聯絡後，他們更禁止我引用訪談中任何部分。

蕾南一開始邀請我共進晚餐，但時間快到時卻跟我道歉，收回了邀請。

每次我朝梅梅德靠近一步，就會碰到他築起一道無可穿透的高牆，將他與記者隔絕開來，彷彿光是想到要談論自己的父親就讓他備感痛苦。彷彿在他早年已經見過太多浮誇的禮讚、儀式、國際媒體與圖書俱樂部的會議，以及愛戀著他偉大父親的仰慕者。他就像是想徹底摒棄自己是納辛．希克美之子的事實一般，摒棄那名偉大的詩人與共產黨人、那個不怕坐牢也不怕史達林，慷慨與人分享錢財，身為丈夫與父親卻徹底失敗的男子。

維拉

希克美死後一星期，有人在他的外套裡找到一首詩，標題是〈致維拉〉：

過來 她說
留下 她說
微笑 她說
死去 她說

我來
我留下
我微笑
我死了

十年後，土耳其政府將他從黑名單除名，他的詩作得以在伊斯坦堡出版。希克美狂熱隨之展開。他的詩全面流行起來，至今仍未止息。

二〇〇八年，在希克美誕辰一百週年，著名的土耳其作曲家譜寫了一部大型聲樂作品向他致敬。只要標題中有他名字的書幾乎都能銷售數千本，陪襯他詩作的音樂光碟也是如此。臉書上有幾十個他的粉絲頁，伊斯坦堡也設立一間小小的希克美博物館。十幾個各自獨立的委員會爭相申請為他樹立雕像的許可。

二〇〇九年初，土耳其政府在希克美死後四十六年為他平反，恢復了他的國籍。另外有十幾個委員會爭取將他的遺體遷回土耳其。他們的理由是希克美始終思念故鄉，在某首詩中也寫過他想要埋骨故土。

但他們的努力注定失敗，因為這個決定必須受到他的近親支持。而詩人唯一的兒子已經透過律師表示，他父親的遺體應該留在莫斯科的安葬處。

這就是土耳其

近來穆斯林女性專用的泳裝在土耳其風靡一時。這種泳裝能完全遮蓋腿部和手臂，還有可愛的小帽子可以蓋住頭部。多數泳衣還附上相同花色的披風，這樣才不會因為泳裝太貼身顯露出各種凹凸的身形。

「不能說很完美。」有三個小孩的艾米娜接受《民族報》訪問時說：「我的泳裝會積滿水，看起來像個大氣球，但至少我可以游泳了！不久前我還只能看家人玩水，就像盯著煎肝臟卻不能吃的貓咪。」

「結婚以後我就不能去游泳池或海灘了，」土耳其東部的家庭主婦法特瑪不滿地說：「現在我得重新想起怎麼游泳。但我非常開心。這是小事，但能讓我快樂。」

男性泳褲的褲長也超過一般長度。

哈謝瑪公司的創辦人、也是最早設計這款泳裝的莫赫梅特．沙欣指出：「學生時期，當我去海灘時總是非常困窘。一般的泳褲款式讓我覺得自己彷彿赤身露體。那時我就想到市場上有這個空缺！幾年後我開始生產最早的一批泳裝。」

穆斯林女性泳客在土耳其度假區引發不小騷動，導致現代化、親西方的土耳其人與虔誠的信仰者之間發生不少肢體衝突，因為後者破壞了前者的風景和樂趣。

於是《民族報》刊登了兩名女性並肩站在及腰水中的照片。其中一人穿著包覆全身的穆斯林泳裝，只露出眼睛。另一人則裸著上身。

「這就是土耳其。」這篇社論如此寫道。

中文	原文
賓格爾	Bingöl
摩蘇爾	Mosul
黎巴嫩	Lebanon
盧比揚卡大樓	Lubyanka
穆什	Muş
穆拉	Muğla
錫爾特	Siirt
錫爾萬	Silvan
錫諾普	Sinop
賽普勒斯	Cyprus
薩洛尼卡	Salonica
蘇丹艾哈邁德	Sultanahmet
蘭伯特宅邸	Hôtel Lambert

物件名

中文	原文
《古老與現代的土耳其人》	*Les Turcs anciens et modernes*
巴拉瑪琴	bağlama
艾菲仕啤酒	Efez beer
哈謝瑪	Haşema
庫爾巴阿	kurbağa

事件、行動名

中文	原文
大波蘭起義	Greater Poland Uprising
安南計畫	Annan Plan
安娜・林德地中海新聞記者獎	Anna Lindh Mediterranean Journalist Award
梅爾希奧爾・萬科維奇新聞獎	Melchior Wańkowicz Award

中文	原文
敘利亞	Syria
梅爾辛	Mersin
莫科托夫區	Mokotów
莫斯科電影製片廠	Mosfilm
通傑利	Tunceli
麥地那	Medina
博魯	Bolu
喬治亞	Georgia
喬魯姆	Çorum
提克里特	Tikrit
普沃茨克	Płock
萊斯博斯（島）	Lesbos
費內巴切	Fenerbahçe
開塞利	Kayseri
開塞利	Kayseri
黑海	Black Sea
塞利米耶清真寺	Selimiye Mosque
塞費里希薩爾	Seferihisar
塞維亞	Seville
塞薩洛尼基	Thessaloniki
奧杜	Ordu
奧斯特羅文卡	Ostrołęka
奧斯曼尼耶	Osmaniye
愛第尼	Edirne
新清真寺	Yeni Cami Mosque
聖索菲亞大教堂	Hagia Sophia
葉里溫	Yeravan
解放廣場	Tahrir Square
雷比比亞	Rebibbia
維蘭謝希爾	Viranşehir
蓋布澤	Gebze
蓋齊公園	Gezi Parkı

中文	原文
阿達納	Adana
阿爾達汗	Ardahan
阿瑪西亞	Amasya
阿德亞曼	Adıyaman
阿蘭雅	Alanya
俄羅斯	Russia
保加利亞	Bulgaria
哈卡里	Hakkari
哈泰	Hatay
恰納卡來	Çanakkale
恰納卡萊	Çanakkale
拜柏特	Bayburt
約茲加特	Yozgat
迪亞巴克爾	Diyarbakır
迪茲傑	Düzce
埃拉澤	Elazığ
埃斯基謝希爾	Eskişehir
埃爾祖魯姆	Erzurum
宰廷布爾努區	Zeytinburnu
庫德斯坦	Kurdistan
格羅濟斯克	Grodzisk
桑孫	Samsun
泰基爾達	Tekirdağ
海基姆漢	Hekimhan
烏沙克	Uşak
特拉布宗	Trabzon
特斯維克伊清真寺	Teşvikiye Mosque
馬尼薩	Manisa
馬奇卡	Maçka
馬拉蒂亞	Malatya
馬爾丁	Mardin
基利斯	Kilis

中文	原文
克里尼查謨爾斯卡	Krynica Morska
克拉科夫郊區街	Krakowskie Przedmieście
克勒克卡萊	Kırıkkale
利弗諾	Livorno
利維夫	Lviv
希臘	Greece
貝斯曼	Basmane
貝赫拉姆卡萊	Behramkale
里澤	Rize
亞拉拉特山	Ararat
亞美尼亞	Armenia
亞勒姆	Yalım
亞賽拜然	Azerbaijan
刻克拉雷利	Kırklareli
刻瑟希爾	Kırşehir
姆瓦瓦	Mława
季季姆	Didim
宗古爾達克	Zonguldak
尚勒烏爾法	Şanlıurfa
居米什哈內	Gümüşhane
屈曲柯伊	Küçükköy
屈塔希亞	Kütahya
帕加馬	Pergamon
昌克勒	Çankırı
波德魯姆	Bodrum
舍爾納克	Şırnak
阿克薩賴	Aksaray
阿特文	Artvin
阿索斯	Assos
阿勒	Ağrı
阿菲永卡拉希薩爾	Afyonkarahisar
阿達帕扎勒	Adapazarı

中文	原文
弗沃茨瓦韋克	Włocławek
弗羅次瓦夫	Wrocław
瓦多維采	Wadowice
瓦津基公園	Łazienki Park
瓦爾納	Varna
皮亞塞奇諾	Piaseczno
伊卡里亞島	Ikaria
伊拉克	Iraq
伊朗	Iran
伊茲密特	İzmit
伊茲密爾	İzmir
伊斯坦堡	Istanbul
伊斯帕爾塔	Isparta
光明山修道院	Jasna Góra Monastery
列支斯坦	Lechistan
吉雷松	Giresun
地中海	Mediterranean Sea
多烏巴亞澤特	Doğubeyazıt
安卡拉	Ankara
安塔利亞	Antalya
安塔利亞	Antalya
安塔基亞	Antakya
托卡特	Tokat
托普卡匹皇宮	Topkapı Palace
米蒂利尼	Mytilene
艾瓦勒克	Ayvalık
艾瓦勒克	Ayvalık
艾米諾努	Eminönü
艾登	Aydın
艾菲索斯	Ephesus
艾爾金占	Erzincan
西瓦斯	Sivas

地名、國名

中文	原文
凡城	Van
土耳其	Turkey
小切克梅傑	Küçükçekmece
內夫謝希爾	Nevsehir
切什梅	Çeşme
厄德爾	Iğdır
孔亞	Konya
巴力克塞	Balıkesir
巴特曼	Batman
巴爾騰	Bartın
比特利斯	Bitlis
比萊吉克	Bilecik
代尼茲利	Denizli
加里波利	Gallipoli
加濟安泰普	Gaziantep
卡拉比克	Karabük
卡拉曼	Karaman
卡德科伊	Kadıköy
卡斯塔莫努	Kastamonu
卡森帕沙	Kasımpaşa
卡爾斯	Kars
卡赫拉曼馬拉什	Kahramanmaraş
卡德柯伊區	Kadıköy district
卡緬涅茨—波多利斯基	Kamieniec Podolski
尼代	Niğde
布加勒斯特	Bucharest
布里斯托酒店	Hotel Bristol
布爾杜爾	Burdur
布爾薩	Bursa

中文	原文
雷傑普・塔伊普・艾爾段	Recep Tayyip Erdoğan
雷菲克・埃爾杜蘭	Refık Erduran
嘉祿・沃伊蒂瓦	Karol Wojtyła
瑪戈莎塔・瓦本茲卡－科赫洛娃	Małgorzata Łabęcka-Koecherowa
瑪戈莎塔・瓦本茲卡－科赫洛娃	Małgorzata Łabęcka-Koecherowa
維托爾・沃羅希爾斯基	Wiktor Woroszylski
維拉・圖利亞科娃	Vera Tulyakova
赫梅利尼茨基	Khmelnytsky
歐茲蘭姆	Özlam
潔內普	Zeynep
魯米	Rumi
穆罕默德・禮薩・巴勒維	Mohammad Reza Pahlavi
穆拉特・厄德姆里	Murat Erdemli
穆哈梅爾・貝伊	Muammer Bey
穆斯塔法	Mustafa
穆斯塔法・艾爾圖克	Mustafa Ertürk
穆斯塔法・居內什	Mustafa Güneş
穆斯塔法・阿克尤	Mustafa Akyol
穆斯塔法・凱末爾・阿塔圖克	Mustafa Kemal Atatürk
穆斯塔法・凱末爾・阿塔圖克	Mustafa Kemal Atatürk
穆斯塔法・德米爾巴赫	Mustafa Demirbağ
繆內芙爾・安達奇	Münevver Andaç
繆澤延・阿賈	Muzeyyen Ağca
聯合國開發計劃署	United Nations Development Programme
謝姆塞・阿拉克	Şemse Allak
薩莉哈・艾爾梅茲	Saliha Ermez
蘇萊曼・巴茲納巴茲	Süleyman Baznabaz
蘇萊曼・阿克恰伊	Süleyman Akçay
蘇萊曼大帝	Süleyman the Magnificent
蘇維埃保衛和平委員會	Soviet Committee for the Defence of Peace

中文	原文
莫赫梅特・塞伊特・阿爾帕斯蘭	Mehmet Sait Alpaslan
許蕾姆蘇丹后	Haseki Hürrem
麥辛	Mercin
傑姆・特內克齊勒爾	Cem Tenekeciler
傑拉萊廷	Celaleddin
凱夫瑟爾・查克爾	Kevser Çakır
凱馬爾・厄茲坎	Kemal Özkan
博萊斯・瓦夫別魯特	Bolesław Bierut
喬伊絲・薩爾瓦多里・盧蘇	Joyce Salvadori Lussu
揚・科哈諾夫斯基	Jan Kochanowski
斯韋特蘭娜・阿利盧耶娃	Svetlana Alliluyeva
斯塔尼斯瓦娃・普瓦斯科維茨卡–雷米耶維奇	Stanisława Płaskowicka-Rymiewicz
費赫米・科魯	Fehmi Koru
費赫米・科魯	Fehmi Koru
雅尼娜・瑪瓦霍夫斯卡	Janina Małachowska
雅尼娜・瑪瓦霍夫斯卡	Janina Małachowska
雅金・埃爾圖爾克	Yakin Ertürk
雅羅斯瓦夫・伊瓦什凱維奇	Jarosław Iwaszkiewicz
塔克西姆	Taksim
塔德烏什・魯熱維奇	Tadeusz Różewicz
塔德烏什・邁達	Tadeusz Majda
塔蘭塔・巴布	Taranta Babu
塞利姆二世	Selim II
奧拉爾・切利克	Oral Çelik
奧茲蓋	Özge
奧魯奇・烏魯索伊	Oruç Ulusoy
瑟爾達	Serdar
聖方濟各	Saint Francis
葉甫根尼・葉夫圖申科	Yevgeny Yevtushenko
賈希特	Cahit
雷傑普・傑蘇爾	Recep Cesur

中文	原文
哈莉娜	Halina
哈蒂婭・厄茲圖爾克	Hatice Öztürk
哈蒂潔	Hatice
約瑟夫・維薩里奧諾維奇・史達林	Joseph Vissarionovich Stalin
美德黨	Virtue Party
耶日・S・蘿卡	Jerzy S. Łątka
耶尼切里軍團	Janissary
孫杜茲	Sündüz
泰芬	Tayfun
泰馮	Tayfun
祖貝伊德・托普巴什	Zübeyde Topbaş
納辛・希克美・博任茨基	Nazim Hikmet Borzęcki
索菲亞	Sofia
茱莉亞・哈特維格	Julia Hartwig
馬康姆	Malcolm
馬雅可夫斯基	Mayakovsky
馬爾馬拉大學	Marmara University
馬赫穆德	Mahmud
馬穆特	Mahmut
馬賽爾・萊西—拉尼茲基	Marcel Reich-Ranicki
勒蒂齊亞修女	Sister Letizia
國際媒體與讀書俱樂部	International Press and Book Club
救國黨	National Salvation party
梅廷	Metin
梅廷・卡亞	Metin Kaya
梅廷・烏斯通達格	Metin Üstündağ
梅亭	Metin
梅耶荷德	Meyerhold
梅梅德・希克美	Memed Hikmet
理察・里德	Rysiek Riedel
畢蘇斯基元帥	Marshal Piłsudski
莫赫梅特・沙欣	Mehmet Şahin

中文	原文
杜爾松・阿里・巴哲奧魯	Dursun Ali Bacıoğlu
沙巴泰・澤維	Sabbatai Zevi
沙博爾夫斯基	Szabłowski
貝西姆・厄麥爾・帕夏	Besim Ömer Pasha
亞當・密茨凱維奇	Adam Mickiewicz
佩爾韋茲・穆沙拉夫	Pervez Musharraf
孟塔達爾・札伊迪	Muntadhar al-Zaidi
征服者穆罕默德	Mehmed the Conqueror
拉夫連季・貝里亞	Lavrentiy Beria
拉比婭・厄茲登・卡贊	Rabia Özden Kazan
拉比婭・奇切克	Rabia Çiçek
拉姆達伊斯坦堡	Lambda Istanbul
拉馬贊・貝丹	Ramazan Baydan
拉蒂菲・烏薩基	Latife Uşşakî
於斯通格	Üstüngel
法特瑪・古欣・薩亞爾	Fatma Güzin Sayar
波蘭作家聯盟	Polish Writers' Union
芭芭拉・瓦本茨卡	Barbara Łabęcka
阿卜迪・伊佩克奇	Abdi İpekçi
阿布杜拉・居爾	Abdullah Gül
阿布杜拉・歐加蘭	Abdullah Öcalan
阿里・里扎・西夫里特佩	Ali Rıza Sivritepe
阿里・阿賈	Ali Ağca
阿拉・古勒	Ara Güler
阿塔圖克	Atatürk
阿赫梅特	Ahmet
哈比卜・布吉巴	Habib Bourguiba
哈吉・穆拉特・厄茲恰諾魯	Haci Murat Özçanoğlu
哈利爾・阿吉爾	Halil Acil
哈里勒・尤蘇夫	Halil Yusuf
哈桑・厄茲拉姆	Hasan Özlam
哈桑・梅札爾吉	Hasan Mezarcı

中文	原文
瓦迪斯瓦夫・布洛涅夫斯基	Władysław Broniewski
瓦迪斯瓦夫・布洛涅夫斯基	Władysław Broniewski
申古爾	Sengül
伊佩克・查勒什拉爾	İpek Çalışlar
伊契度尤古	İçduygu
伊曼紐拉・奧蘭迪	Emanuela Orlandi
伊斯梅爾	Ismail
伊斯麥特・伊諾努	İsmet İnönü
伊瑪目・哈蒂普	İmam Hatip
共和人民黨	CHP
安東尼・斯沃尼姆斯基	Antoni Słonimski
安傑伊・曼達利安	Andrzej Mandalian
朱內伊德・扎普蘇	Cüneyd Zapsu
朱利安・普日博希	Julian Przyboś
朱利安・圖維姆	Julian Tuwim
米克瓦伊・雷伊	Mikołaj Rej
米哈伊爾・薩卡什維利	Mikheil Saakashvili
老艾尤普	old Eyüp
老彼得・布勒哲爾	Pieter Brueghel
艾克貝爾・巴巴耶夫	Ekber Babayev
艾泰金	Aytekin
艾特金・斯厄爾	Aytekin Sıır
艾榭・格克汗	Ayşe Gökkan
艾榭・菲根・澤貝克	Ayşe Figen Zeybek
艾榭・圖克呂克楚	Ayşe Tükrükçü
艾榭古爾・艾帕斯蘭	Ayşegül Alpaslan
伯納・路易斯	Bernard Lewis
作者之家	Writers' House
努克特・伊佩克奇	Nükhet İpekçi
努拉伊・貝齊爾甘	Nuray Bezirgan
希萊	Şile
我們的導師	Mevlana

重要名詞對照表（按中文首字的筆劃排列）

人物、組織單位名

中文	原文
《民族報》	Milliyet
《自由報》	Hürriyet
《最新消息》	Son Havadis
《新曙光報》	Yeni Şafak
人權觀察	Human Rights Watch
大維齊爾	Grand vizier
內齊梅廷・埃爾巴坎	Necmettin Erbakan
尤蘇夫	Yusuf
比倫特・阿林奇	Bülent Arınç
加莉娜・科列斯尼科娃	Galina Kolesnikova
卡拉・穆斯塔法	Kara Mustafa
卡恰克齊	kaçakçı
卡迪爾・托普巴什	Kadir Topbaş
卡梅爾	Kamer
卡爾・科普	Karl Kopp
卡齊姆	Kazim
卡羅・朱里尼	Carlo Giullini
古欣大姊	Güzin Abla
尼古拉・埃克	Nikolai Ekk
弗瓦迪斯瓦夫・哥穆爾卡	Władysław Gomułka
札希特・吉夫庫蘭	Zahit Gifkuran
正義與發展黨	AKP
民族行動黨	MHP

Beyond

99

世界的啟迪

安納托利亞的刺客

Zabójca z miasta moreli. Reportaże z Turcji

作者	維特多・沙博爾夫斯基（Witold Szabłowski）
譯者	胡宗香
校對	李心柔
總編輯	洪仕翰
責任編輯	宋繼昕
行銷	陳怡潔、張偉豪
封面設計	Dofa Li
排版	宸遠彩藝
出版	衛城出版／左岸文化事業有限公司
發行	遠足文化事業股份有限公司（讀書共和國出版集團）
地址	23141 新北市新店區民權路 108-3 號 8 樓
電話	02-2218-1417
傳真	02-2218-0727
客服專線	0800-221-029
法律顧問	華洋法律事務所蘇文生律師
印刷	呈靖彩藝有限公司
初版	2025 年 9 月
初版二刷	2025 年 10 月
定價	480 元
ISBN	9786267645833（平裝）
	9786267645840（EPUB）
	9786267645857（PDF）

國家圖書館出版品預行編目(CIP)資料

安納托利亞的刺客 / 維特多 . 沙博爾夫斯基 (Witold Szabłowski)著；胡宗香譯. -- 初版. -- 新北市：衛城出版，左岸文化事業有限公司出版：遠足文化事業股份有限公司發行，2025.09
面；14.8x21公分.(Beyond；99)
譯自：Zabójca z miasta moreli. reportaże z Turcji.
ISBN：978-626-7645-83-3(平裝)

1. 民族文化　2. 社會制度
3. 報導文學　4. 土耳其

735.13　　114010354

ACRO POLIS 衛城出版

Email acropolisbeyond@gmail.com
Facebook www.facebook.com/acropolispublish